# 73歳、お坊さんになる

荒牧邦之

# はじめに

浄土真宗を学ぶ中央仏教学院（京都市）が設けた通信教育を受講して三年が過ぎた。得度直前になって新型肺炎の影響を受け、京都での得度式が再々延期になるという思わぬ事態にも直面した。おかげで社会の混乱と宗教の在り方を直視することにもなった。通信教育は当初から出家を目指すコースだったが、予想以上に勉強しなければならなかった、というのが正直な感想である。七三歳でやっと関門を通過したが、フルマラソンを必死になって完走したような高揚感である。

教義から得たのは「阿弥陀如来の救いを信じて、真実に生きよう」と言うのであるが、「南無阿弥陀仏」という念仏の本当の意味を理解するには日がまだ

浅い。千日回峰や断食、座禅などのように「自力」で修行して悟りを得る宗教と異なり、「他力」という阿弥陀如来の慈悲を受けて「浄土」に行きつく「お呼び声」や「はたらき」を受け止めるにはさらなるお聴聞が求められる。宗祖・親鸞聖人の教えを読み解くのは難解で、現代を生きる私たちが理解するには、よほど古典文学に通じる力が必要だ。ましてや法要のときの理解が難しいあの読経は何を意味しているのか、厳粛な時間が流れていくばかりである。もちろん、教義や念仏の解説書はヤマほどある。宗門の大学や系列の高校も全国にあり、研究者、専門家が前後左右から丁寧に切り分けてくれるのだが、手に取ってもらえるまでのきっかけがなかなか見つからない、というのが印象だ。

「宗教は現代に何をもたらすのか」と言う命題を考えてもすぐに解答は得られない。宗教は古今東西、民族紛争のタネになり、領土問題だけではなく、戦争にまで発展した歴史を持つ。否、いまも続いている。また、時には政権によ

る弾圧の対象になりながらも次々に新興宗教が生れ、カルト教団による家族分断まで起きてきた。しかし、仏教やキリスト教、イスラム教など世界の三大宗教と言われる教団は、数千年の時を経ても私たちに救いと希望をもたらす存在として人々のこころを捉《つか》まえてきた。この訴求力の源泉はどこにあるのか。その根源たる「信心」とはいったい何だろう。

通信教育を受け始めて二年が過ぎた頃、「この貴重な体験を記録しよう」と、あくまでも初心者の立場から書き続けたのが本書である。専門用語を自分なりにかみ砕き、浄土真宗のドアをそっと開けて覗《のぞ》いてみた。「73歳でお坊さん」になった私はいま、浄土真宗教団の入り口に立ったばかりである。

# 73歳、お坊さんになる——目次

はじめに　3

## 1. 得度　清々しい出家……11

厳粛な御影堂　14
コロナ禍、自宅で得度習礼十日間　25
再三延期になる本山得度　32

## 2. 動機　宗教との出会い……39

親友住職との約束　41
新興宗教に見た信心　49
「差別墓石」との遭遇　55

## 3. 学習　通信教育の三年間……61

面食らった「出家」　64
戸惑う「重層信仰」　73

「正信偈」と苦闘　78
厳格な僧侶養成　92
スクーリングも中止　94

## 4. 教義　浄土真宗の教えを学ぶ……99

誰のためのお経か　102
「仏」は「ぶつ」　106
他力本願　112
悪人正機　116
往生浄土　119
人は皆平等　123
南無阿弥陀仏　126

## 5. 信心とは　弥陀への至心……131

ありがたい話　134

「非常の言葉」 141
阿弥陀仏の功徳 147
薫習の人 153

6. 少し長いあとがき …… 157
今も不明の差別墓石 159
親鸞聖人の魅力 164
「善知識」に遇おう 167

主要参考文献、資料、引用 169

凡例　文中のふりがなで一般的な読み仮名と違うのは本願寺派の使用例に従った。
例えば「法式《ほっしき》」「選択《せんじゃく》」「聖教《しょうぎょう》」などである。

# 1. 得度

## 清々しい出家

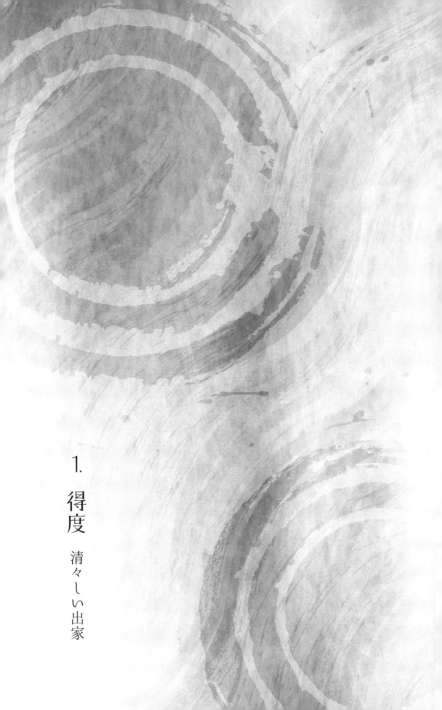

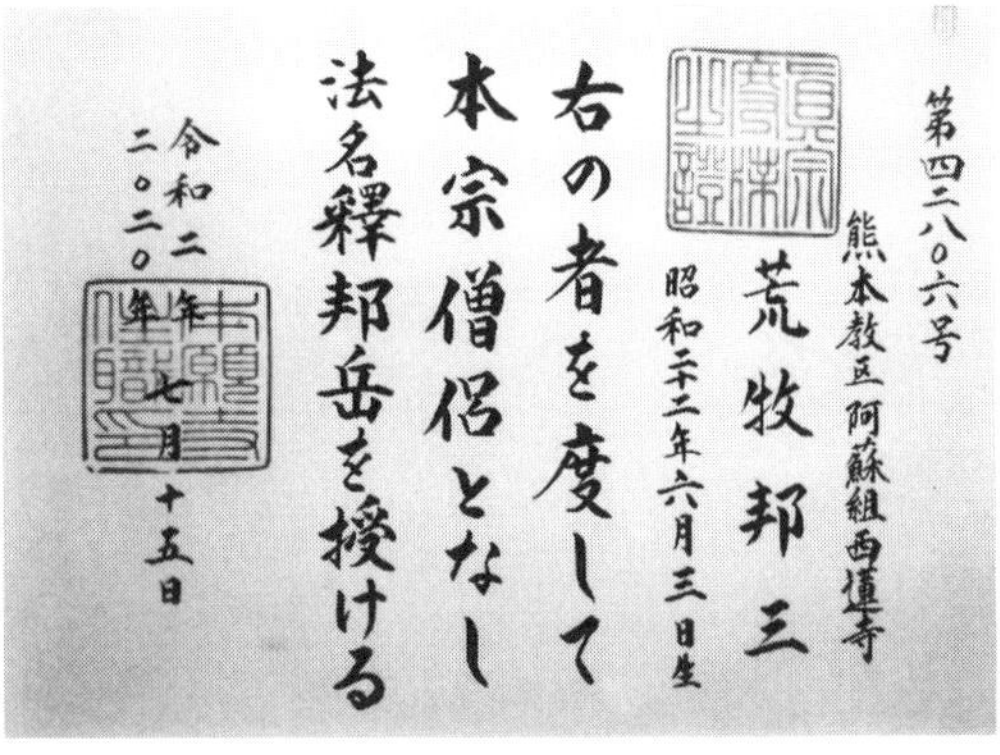

第四二八〇六号

熊本教区阿蘇組西蓮寺

荒　牧　邦　三

昭和二十二年六月三日生

右の者を度して本宗僧侶となし

法名　釋　邦岳を授ける

令和二年
二〇二〇年　七月十五日

これが得度式を受けた人に与えられる授与書だ。「度牒（どちょう）」と言う。表彰状と同じような厚手の紙質と形式で、右上に大きな朱印で「度牒」の文字が読み取

れる。だから文中で「度《ど》して」となっており、この度牒は「僧侶であることを証明する文書」であり、私の法名・邦岳《ほうがく》が記載されている。

四二八〇六号は本願寺で今のような形で得度式が始まって以来の番号だと言う。実際に本願寺で得度を受けた人は江戸時代以前からなので数十万人にも上るだろうから昭和に入ってからの数字であろう。そして交付された年月日の上に「本願寺」の大きな朱印が押されている。これで私は正真正銘の西本願寺派の僧侶になった。七三歳。度牒を受け取るときこの三年間の学習を思い起こして年甲斐もなく胸がいっぱいになり、手が震えた。

## 厳粛な御影堂

式場になった御影堂《ごえいどう》は西本願寺境内の左手に立つ豪壮な寺院様式の建物で、右隣の阿弥陀堂と並んで国宝建築であり、浄土真宗の本山に相応しい威厳を醸

している。内部の正面には「見真」と記した大きな額縁が掲げてある。この額は明治天皇から下賜《かし》された諡号《しごう》（死後に送られる名で功績を称える）で宗祖親鸞聖人に推戴されたものである。まさに宗祖の影像を安置した堂だ。

普段は畳敷きの大広間は明るく、訪れた人は自由に内部に立ち入ってお参りすることができるが、得度式の時ばかりは周囲の扉を閉じ、ほぼ真っ暗な堂内は正面の内陣《ないじん》（ご本尊を配置した場所）に蠟燭《ろうそく》の明かりだけが灯る厳粛な場になる。ただ、私たちの時は、例のコロナ禍のため換気が必要で少しだけ明かりが入っていた。それでも人の顔をかろうじて識別できる程度である。なぜこんなに暗くしてあるかというと、九歳で出家した親鸞聖人が、嵐の夜にもかかわらず、「今すぐに、得度をしてほしい」と頼んだ時刻が夜更けだったことの故事に倣《なら》っている。

式に臨んだのは全国から訪れた三十八人。二十人は正式に本山で十日間の得

度習礼《しゅらい》（合宿研修）を済ませた人、残り十八人はコロナ禍の影響を受けて自宅習礼をした人。神奈川県から来た高校生や八〇歳近い男性、女性も半分ほどいた。外陣《げじん》（堂内の大広間）では前後左右の間隔を十分に取り、全員マスク姿。私語は禁止である。

この日の得度式を執り行う第二十五代専如《せんにょ》宗主（門主）が姿を見せるまでの間、十分ほど正座して待つのだが、登壇した門主は二十メートルほど離れた一段高い内陣に立ち、しかも薄暗くてマスクをしているので表情が読み取れない。学校の体育館よりも広いであろう大広間はしわぶき一つ聞こえない静寂の時間となる。その荘厳な空気は圧倒するばかりで参加者は押しつぶされそうな雰囲気である。ただ、西本願寺前の堀川通に歩行者用信号があり、それが時折ピーポピーポと鳴りだし、また、カラスの鳴き声が聞こえてくるのがいかにも内と外を思わせる空間差である。

「得度」とは、浄土真宗辞典によると「迷いの世界を渡り、悟りの世界に到ること」となっているが、私の場合はそんなに大それたことではない。まだ、勉強を始めて三年の身である。その得度式だが、これも同辞典では「師弟同心の意をあらわし、宗門の僧侶としての誓約を結ぶ儀式」とされている。つまり、この儀式を経て正式に浄土真宗本願寺派の僧侶として認められるのだ。

「僧侶とは」については浄土真宗本願寺派の宗法第二十条の二項にその規定がある。

――僧侶は仏祖に奉仕して、自行化他《じぎょうけた》に専念し、この宗門及び本山、所属の寺院又は職務に従事する寺院の護持発展に務めなければならない――とある。

ここで言う「仏祖」は阿弥陀如来と親鸞聖人のことである。また、「自行化他」とは「自ら仏教を信じて実践（自行）し、他の人を教化《きょうけ》（教え導く）して仏道に入らしめる（化他）こととある。すべからく本願寺派のルールとこころの誓

約がかぶさってくる。

得度式は二部構成で、前段は僧侶を許される儀式。参列する白衣《はくえ》（白地の浴衣のようなもの）に俗袴《ぞくばかま》姿はまだ民間人の衣装とされる。けがれを除く意味で塗香《ずこう》、いわゆるお香を一人ずつ手に受け体に塗り付ける。誓いの言葉としての領解文《りょうげもん》を述べると、前段最大の儀式である剃刀《おかみそり》が行われる。これはいままでの驕慢な心を捨て、世俗の虚飾を避けるためのもので、門主が一人ひとりの背後に立ち、頭部にかみそりの刃を三回あてる作法だ。

今回は髪の毛を一ミリ以下の丸坊主にしてきたが、時として事前に専門の理容師によって剃り上げることもあるようだ。女性は髪を伸ばしたままである。合掌しながら冷たいかみそりが頭にそーっと触れた時、私は「これから仏道に入るのだな」と厳粛な気持ちになった。

この間、約十五分間、これで仏門に入ることを許される儀式は終え、今度は

別室で慌ただしく黒衣《こくえ》、墨五条袈裟《すみごじょうけさ》に着替える。法要の時に見るような法服をまとい、つまり、僧侶の姿になるのである。ここから後段に入る。再び御影堂に入ると、今度は門主から度牒と法名を拝受、僧侶の心構えとなるお言葉を受け、得度お礼の儀式を済ませた。御影堂の入り口階段であった記念撮影では一人置いて門主の真後ろに立ち、口元を引き締めた。

私の法名・邦岳だが、浄土真宗本願寺派では自己申告でこれを認められる。字数は二文字で、法名は「仏法に帰依《きえ》し、釈尊の弟子となった者」を意味する。だから、冒頭に「釈」の字が付くのだが、この釈は旧字の「釋」になっている。

私の場合、「邦」は自分の名前から、「岳」は阿蘇五岳の一つ、「根子岳《ねこだけ》」の「岳」から採った。根子岳は私の古里の山である。阿蘇五岳は太古の昔から外輪山のカルデラ内に雲海が発生するとき、雲海上に浮かび上がった山影があたかも観音様の「寝仏《ねぼとけ》」のように見える風景が有名で、「阿蘇の涅槃像《ねはんぞう》」とも評

される。根子岳はその涅槃像の顔の部分にあたる印象的な山容で、山頂の天狗の峯を中心に左右は尾根筋が風雪でギザギザに刻み込まれ、荒々しい独特の形は神話にも登場する。母校の校歌にも織り込まれており、地域に愛される山だ。

ところで、この得度式にたどりつくまでには紆余曲折があった。予定では二〇二〇年（令和二）の冬に受ける手はずだった。得度に臨むためには事前に「得度考査」という熊本教区教務所（以下、熊本教務所、熊本別院）で行われる筆記試験に合格する必要がある。いわば地方での予備試験のようなもので、浄土真宗の歴史や教義など全体の基礎知識を量るペーパーテストだ。相応の学習をしないと合格できない結構難度の高い試験である。しかし、中央仏教学院（中仏）の通信教育で三年間の勉強を経て卒業できればこの得度考査を免除する仕組みになっている。

卒業は二〇二〇年夏の予定だから、卒業を待って得度を受けることを考えて

いたのだが、中仏熊本支部の関係者が二〇一九年の秋になって「試験制度も変わるらしい。七〇歳も過ぎているから早く受けた方がいい」と助言してくれたので、九か月ほど予定を早めた。

熊本教務所で得度習礼の手続き書類を受け取ると、得度考査免除規定の中に「宗門（西本願寺系列の大学、高校など）の学校卒業者は得度考査を免除する」とあるではないか。学園紛争真っただ中に京都の龍谷大学経済学部に学び、ろくに勉強もしなかったが、必須の「宗教」だけは「優」をとった記憶がある。こんな場面で龍谷大学卒業が生きてくるとは思いもよらなかった。これで随分と心理的な関門が低くなった。

得度習礼を受けるためには、熊本教務所による得度考査を通過したあと、さらに熊本別院で事前の「得度習礼講習会」を受けることが必修である。講習費用は一万五千五百円。そのためには檀那寺の了解が要る。私の檀那寺は古里・

阿蘇の高森・西蓮寺である。ここの関係については後の動機の項で述べるが、晩秋、阿蘇に出向いて住職に頼み、了解の印鑑をもらった。加えて本山の西本願寺僧侶養成部に提出する書類には阿蘇組《そ》（宗門の地域ブロック）組《そ》長の了解も必要だ。このほか、戸籍抄本、住民票、身分証明書（以上市役所）、成年後見人はいない旨の証明書（法務局）、龍谷大学卒業証明書、それに十一日間の習礼（研修）にも耐えられるという医師の健康証明書も求められた。これらの書類を集めるのに結構手間取った。

また、熊本教務所で講習を受けるためにも僧侶の基本的な衣服としての袈《け》裟《さ》、法衣、法具（数珠＝念珠、扇子＝中啓《ちゅうけい》と呼ぶ）が必要で、得度習礼用の一切を買い求めると、十六、七万円はかかるという。これには驚いた。法衣などは一般的に市場での需要があるわけではないので値段も高いのだろう。先輩受講者たちに聞くと、京都にある専門の仏具店に注文すれば「得度習礼用一式」

としてすぐに送ってくれると言う。この話を檀那寺に話すと「うちの寺にあるものを貸します」と言ってくれたが、後々、必要になるものだけを注文してくれ、それでも十一万円はかかった。経典類は通信教育で使ったもので足りた。

　こうして、二〇一九年の初冬に熊本教務所で一日がかりの講習を受けた。得度の予備講習とは言え緊張する。講師は専門の僧侶。受講者は女性六人を含む十一人、高校生、大学生もいた。坊守さん（住職婦人）になる人、将来、お寺を継ぐ若者たちで、お寺に全く関係のない受講者は私だけである。読経《どきょう》（本願寺派では声明《しょうみょう》とも呼ぶ）や本願寺派の作法に添った本堂での身のこなし、法服の着方、たたみ方など基本をみっちり叩き込まれた。第一関門はこれで突破できた。直ちに講習会修了証書を添え、得度の手続き費用七万五千円を合わせて西本願寺の僧侶養成部へ申し込みを済ませた。

　暮れも押し詰まった二十八日、僧侶養成部からハガキ連絡があり、得度習礼

の日が翌年の三月六日から十一日間（一日は得度式）と決まった。この時、インフルエンザの予防注射を必ず受け、医師の証明書を持ってくるように、との注意書きがあった。残り三か月足らずである。朝五時半から深夜の十一時までの得度習礼生活には相応の体力も要ると聞いていたので、毎日一時間の散歩と腹筋、腕立て伏せ二十回を続けた。飛行機の往復と前泊ホテルの予約を済ませ、読経の修練、法服の着こなしなど正月も抜きにして本番に備えた。

インフルエンザに関しては、明けて二〇二〇年（令和二）一月、僧侶養成部から再度、予防注射接種の注意が来た。中国発の新型コロナウイルスが世界でまん延、京都でも患者が発生しており得度習礼が中止になるのではと心配した。

こうして二月中旬、僧侶養成部から最終の準備のため、こまごました注意事項と持参品の連絡があり、十二万七千円の得度費用を振り込んだ。得度を受け

るための総費用としては三十三万円弱かかったことになる。この金額が高いか安いかは個人差があろうが、大学での授業料を考えたら、安いものだと思う。そうそう、もう一つ大事なことがある。それは入所には頭髪を一ミリ以下にしておくことである。つまり、丸坊主になって入所してくださいと言うことだ。

## コロナ禍、自宅で得度習礼十日間

春三月、桜の開花予想が全国で近づいたころになると気分も高揚し準備万端、いざ出陣となった出発の一週間前、本山の僧侶養成部から電話があり、「新型肺炎の感染を防ぐため今回の得度習礼は中止する」と言うではないか。日本全体で学校が休校になり、スポーツ大会やイベントも活動を自粛、企業までが影響を受ける事態に発展していたのが私の身の回りに波及したのだ。恐れていたことが的中した。飛行機やホテルをキャンセルし、取り消し料が発生して少

なからず損害を被ったが仕方ない。

そして、本山から中止の代わりに自宅学習やレポートの提出、熊本教務所での審査で習礼を代替えし、終了後の三月三十日に本山で一日の得度式をすると提案してきた。つまり、十日間の合宿研修は無くなったのである。まさに本願寺派始まって以来の出来事だと言う。この提案にどうも釈善としない、と言うよりは折角、三年間も勉強し、心の準備をしてきたのに本山での貴重な空気を吸えないのが心残りになった。張り詰めていたものがいっぺんに萎《しぼ》んだ感じである。一番大事な十日間を抜きにして「僧侶になっていいものか」。揺れた。

この付近の心持ちを知り合いの僧侶に伝えると「やっぱり本山での得度を体験し、全国の仲間と交流したほうがいい」と助言してくれたが、当時のコロナ禍のことを考えると今後はいつ得度式があるか分からない。夏の東京五輪さえ中止が噂されていたのである。そこで、本山での得度習礼はあきらめて自宅習

礼に切り替えた。

僧侶養成部からは自宅での声明練習の場合、「ご本尊」を前にして行えという。浄土真宗のご本尊は「阿弥陀如来」像か、書体の「南無阿弥陀仏」（名号）である。そんなものは手元にない。檀那寺に相談し、箱入りのご本尊を借りてきた。それは黒漆塗りで縦二十五センチ、幅十五センチの屋根付き箱を観音開きにしたものである。中の御本尊は書体。仏教を信心する一般的な家庭では、仏壇に先祖の位牌が入っているようなものが置いてあるが、似たような形である。小さいとはいえご本尊を前にすると確かに心が改まる。こうして自宅環境を整えた。

学習指導に沿って十日間のカリキュラムを作成、朝からの声明（読経）練習、教本学習、法衣の着方習得、レポート作成、これらを終日、ひたすら続けた。そうそう、朝夕の検温も義務付けられた。法要の本番で称《とな》える「仏説阿弥陀経」

や「葬場勤行《ごんぎょう》」など長時間の声明練習はさすがにくたびれた。

だが、実際の得度習礼はこんなものではないらしい。早朝から夜中までびっしりと日程がつまり、声明から講義、レポート作成、そしてまた声明と、食事、風呂の時間さえままならない慌ただしい十日間のようだ。時には指導者の叱責も飛ぶ。加えて一時間近い正座が続くと足はしびれを通り越してマヒするらしい。その苦痛は耐えがたく過去には逃げ出した研修生もいたと聞いた。

全国から百人ほどの参加者は七、八人の班別になり、修学旅行のような雑魚寝に講師役の厳しい指導はパワハラを超えたプレッシャーと脅されていた。だから、大学受験前夜のような自宅での〝真宗漬け〟であってもコロナ禍が続いているうちは、外出も控えて自宅に引きこもっているのはかえって好都合と言い聞かせた。

自宅学習の一週間目、熊本教務所で「課題別審査」が行われたので出掛け

た。受講者は三人。他の二人も私のように本山での得度習礼を受けられなかった人たちである。それぞれ個室に分かれ、教務所の担当者と一対一の声明審査になった。内容は「正信偈《しょうしんげ》」と言う約十五分から二十分かかるお経を教本なしで称《とな》えるのがメイン。これは必死になって暗記してきたのでなんとかクリアした。次いで「領解文《りょうげもん》」という「宗門に加入する誓約」の口上。これも二分程度の暗記もので、一言一句間違ってはならないとされている。もちろん、この時は法衣を身に着け、手には念珠を持っている。

このほか、門徒用にやさしくつくられたお経の「和讃《わさん》」、本堂での「御文章《ごぶんしょう》」の読み上げがあった。この御文章とは聞かれた方も多いだろう。葬儀の終わりころ、お坊さんが読み上げる白骨章がその一部である。「それ、人間の浮生《ふしょう》なる相を・つらつら観ずるに――朝《あした》には紅顔《こうがん》あり（つ）て・夕《ゆうべ》には白骨となれる身なり――あなかしこ、あなかしこ」とあるあの文言である。うやうやし

く、しかも朗々と、抑揚をしっかりとつけて腹の底から口上しなければならない。両手で持った教本をおでこの近くまで持ち上げ、開き方、閉じ方まで格式に則った動作が必要だ。本当に斎場でお坊さんになった気分が求められる。

夕刻、結果発表。全て合格だった。他の二人は再審査。嘆いていた。合格して解放されたようなホッとした気分は忘れがたい。（その後、二人は後日の再審査を通過、得度式に姿を見せていた）

翌日から論文レポートの仕上げにかかった。課題は四本。①浄土真宗とはどのような教えであるのか論じなさい＝これは親鸞聖人が説かれた宗派の教義をしっかりと把握しておく必要がある　②「念仏者の生き方」（西本願寺の現二十五代専如門主が示された所感・二〇一六年十月発）を読んで、浄土真宗のみ教えをいただき僧侶となるものとして、今後どのようなことを心掛け活動していきたいかについて論じなさい＝ここで所感の感想と自分の指針を述べ

る　③「御同朋《おんどうぼう》の社会をめざす運動」（教団の中心的活動）と「新たな運動の転換のために――連研の意義（連研とは各寺院で展開中の門徒と僧侶の研修活動）――を読み、あなたにとって、「僧侶」「お寺」とは何か論じなさい＝出家する覚悟を迫られる　④なぜ僧侶として「人権問題（差別の現実）」を学ばなければいけないのか論じなさい――。

この四題をそれぞれ一二〇〇字以上でまとめるのである。これまでに学んできた浄土真宗の歴史的な基本部分や教義の根幹を織り交ぜ、私自身の所感を書き込むことでレポートを仕上げた。三年間の総まとめになる。特に④の人権問題は私の記者生活での専門分野である。昨今の人権問題は実に幅広い、書き足りないぐらいだった。研修計画の最終日にまとめて郵送した。本山では課題研修とレポート、熊本教務所での課題審査を総合的に判断して得度習礼を済ませたのと同様の「修了証」を出してくれることになっている。

## 再三延期になる本山得度

十日間の自宅研修だったが、本当に充実していた。自分で言うのも変だが、「出家前」とはこんな気持ちかと確かめたのである。本山での十日間の習礼を研修して僧侶になった人に対して、自宅習礼の僧侶は半人前と言われるかもしれないが、私にすれば、得度式が四か月間延びた間はみっちりと落ち着いて学習が出来た。これは稀有な経験になった。あとは「得度式」の実行を待つばかりであるが、新型肺炎はさらに猛威を振るい始めた。

予想通り得度式はまたまた延期になった。夏の東京五輪が中止になり、WHO（世界保健機関）は世界中がコロナ禍のパンデミック（大流行）になっている、と宣言した。日本では非常事態宣言が出され、県境を越える移動は自粛が要請された。これでは京都には行けない。本山からの連絡で、次の得度式は六月

十五日になったと言う。気が抜けてしまったが待つしかない。

自宅学習の成果として四月六日付で「得度習礼修了証」が送られてきた。最終関門を突破できたことになる。今後は本山での六月の得度式を待つばかりになったが、これも延期になった。

そうこうするうちに日本全体で感染者の発生が下火になり、県境移動も解禁になった。そして六月十八日、本山から七月十五日に得度式を行う旨の連絡があった。今度こそ間違いないだろうと飛行機の予約を行い、出発前日には近くの理容店に行って頭を丸めた。一ミリ以下の長さを注文したことに対して、理容師が驚き、「いいんですか」と確認したのはおかしかった。一ミリ以下の頭髪姿はピカピカ同然である。記念写真に納めた。夏用の法服も買い求めた。これは蚊帳《かや》のような織りで風通しがいい。

この間、教団は四月十四日付でこのコロナ禍について国内に向けての声明《せいめい》を

出した。

「新型コロナウイルス感染症に関する『念仏者』としての声明」と題するもので、約千二百字に上る長文である。要約すると——。

感染で亡くなられた方にお見舞いを述べ、医療従事者には敬意と感謝を表し、差別や偏見が広がらないように注意深く行動して行きたいと願った。そして、釈尊や親鸞聖人の教えを引き合いにして、このような時にこそ、人と喜びや悲しみを分かち合う生き方が大切であると訴え、世界的な感染大流行という危機に直面する今だからこそ仏教が説く「つながり」の本来的な意味とその大切さに気づいていく必要があるとした。

さらに緊急事態宣言がコロナ危機を克服してくれるのではない、この困難を打開できるか否かは私たち一人ひとりの徹底した適切な行動にかかっていると訴え、「そのまま救いとる」という念仏のこころをいただき、精いっぱいつと

めを果たそうと呼びかけた。

本願寺派ではこれまでも大震災や大災害のあとで度々こうした声明が出されてきた。本願寺新報でも現地を取材、実態を報道している。

全国的にはこの厄災に対して祈願や撃退の祈りなど様々な動きがみられた。疫病退散の妖怪として一躍クローズアップされた「アマビエ」は熊本・天草の海がその発祥の地とされ、当地方の神社境内には石像が置かれ、お菓子の焼印、マスク、Tシャツのイラストまで登場。地元新聞ではアマビエのイラストが募集され、文化面では専門家が歴史的側面を分析。また、コロナ禍鎮めの祈祷、病ににらみを利かす「鍾馗《しょうき》さん」の絵図など古来から人々がいかにして疫病と対峙したかが紹介された。

宗教が厄災や自然災害に対して、具体的に解消策として実行力を持つものではないことは確かである。無力でもあろう。だが、不安や危機は目の前に存在

する。そうしたときに心を落ち着かせ、身の回りを見回すゆとりを与えるのもまた宗教の役目であろう。そこが宗教の持つ力である。

浄土真宗本願寺派は親鸞聖人の教えを基本にし、現実を直視する教団であり、苦しみや悲しみを克服するためには「祈祷などに頼るものではない」としているだけに今回の声明も極めて教義に忠実な姿勢が見て取れる。七月に熊本を襲った豪雨禍では多数の寺院、門徒が被害を受け、早速本山から見舞いに訪れた。義援金の募集も始めた。国民に寄り添おうとする姿勢は宗門のひとつの見識であろう。

コロナ禍のため、得度を済ませるとそそくさと京都をあとにした。不思議なことに帰りの電車内や空港でも丸坊主姿が気にならない。帰熊後、さっそく檀那寺へ報告に赴くと、住職から「おめでとうございます」と言われたときは本当にうれしかった。そして、お祝いとして薄赤色の輪袈裟をもらった。

西本願寺派では寺の「住職」になるにはこのあとさらに「教師研修」を終えることが必要である。これも結構、難度が高い。だから、今回の私の場合は「僧侶」の資格であり、檀那寺所属の「衆徒《しゅと》」という立場になる。

# 2. 動機

## 宗教との出会い

ところでそもそも、なぜ中央仏教学院の通信教育を受ける気になったのか、その動機をここで――。

理由は三つ。

## 親友住職との約束

その一つは、親友との約束である。先ほど述べた熊本県・阿蘇五岳の一つ、根子岳の麓に生まれた私は七キロ離れた高森中学校に進んだ。ここは地域の小学校の三校（高森、上色見、色見小）が集まった学校で、戦後のベビーブーム時代に生まれた私たちは一学年約二百人の大規模校だった。

そこで、古刹の浄土真宗本願寺派・西蓮寺の長男・山村法雄《のりお》（一九四七年、昭和二十二生）と同じクラスになり、友達になった。偶然の出会いである。三年間ともクラスは一緒で、お寺にはよく遊びに行き、広い本堂の真ん中に布団

を敷いて寝たこともある。後に私の檀那寺になる。

高校進学で山村は仏教系の新設高校に、私はキリスト教系の高校に分かれたが、同じ熊本市内で寮生活と下宿生活をし、暇を見つけては遊び回った。手作りの鉱石ラジオで聴いた「オールナイトニッポン」が懐かしい思い出だ。大学進学で私は一年浪人、山村は稼業を継ぐため京都の龍谷大学・真宗学科に入学。東京の大学に行くつもりだった私は、山村から「龍大も面白いぞ、こないか」と誘われて経済学部を受けた。京都ではお互いのアパートが自分の部屋のようになり、大学生活の中で半分ほども過ごしたのではないか。大学は仏教系らしく「宗教」は必修科目だったが、講義の内容は何だったのか忘れた。

地方から来た真面目な学生は京都暮らしを堪能、「寺巡り」や明治維新の「歴史探訪」をやっていたが、私は大工手伝い（小間使い）のアルバイトをしては三条河原町のスナックに通い、安ウイスキーで酔っ払った。熊本なまりの京都

弁に苦労した懐かしい青春時代だった。学生運動真っ盛りのころで、大学は全共闘学生によって封鎖され、半年以上も講義のない自由な時間に暇を持て余した。

一九六九年（昭和四十四）九月、「一度ぐらいはデモに参加してみよう」と龍谷大学と同じ宗門の京都女子大全共闘の合同デモに加わったら、なんと行先は「西本願寺」。隊列の学生は千人ほどにも膨れ上がっていた。

そのころに出た龍谷大学改革案に「学長は必ずしも僧籍を必要としない」とあったのに西本願寺がクレームをつけたとされ、これに学生が反発、「大学自治への不当介入」だとして抗議デモをかけたのである。「学問の自由を守れ！」「親鸞の教えに戻れ！」とかなんとか大声で叫びながら古都をこぶしを挙げて歩いてみたが、その実態を知った上でのアピールではない。まぁ、面白半分のデモ参加だったように記憶している。

デモ隊は西本願寺に到着し、先頭の五十人ほどが本山職員と衝突、投石して重要文化財の御影堂、阿弥陀堂を取り巻く板張り縁側に土足で踏み込んだ。西本願寺にすれば織田信長と戦った石山戦争に匹敵する嵐であったろう。土足で御影堂に上がられたのは相当ショックだったようだ。翌日の新聞各紙ではこの模様が大見出しで報道された。「暴動、暴挙」扱いだったようだ。さすがに私は「聖域」にデモを駆けることには躊躇《ちゅうちょ》し、この騒ぎを遠巻きに眺めるばかりだった。

大学三年の夏、山村が本山へ「得度」を受けに行くと言う。卒業を控えた僧侶の資格取得である。「一緒に行こう、お坊さんの資格を持っておけば一生、メシの食い上げはないぞ。いざとなればお寺に養子に行けるぞ」としつこく誘われた。そのころ、東北や中国地方ではお寺の後継者難が目立っていると聞いていた。だが、得度研修の内容を聞くと、頭を丸坊主にして剃《そ》り上げるという。

信仰心があるわけではなく、「そんなのはゴメンだ」として断った。あの長髪のビートルズが世界的に有名になり、日本もグループサウンズが席捲していたころである。丸坊主なんてあり得なかったが、今思えば「惜しかった」

大学を卒業して、山村は規定方針通り実家のお寺を継いで僧侶になった。一年遅れて私は熊本の新聞社に就職した。

新聞社の入社試験の作文題は「わが母校」だった。単なる母校自慢ではひねりがない。そこで、出身の高校がキリスト教系、大学が仏教系だったので二つを「宗教」で括《くく》ることにし、「宗教は違えども両宗門の教えはともに隣人を愛し、社会に尽くせということだ」と紹介、「それは新聞社の社会的役割に通じており、二つの母校によって学んだ精神を基礎として地域発展に寄与したい」と結んだ。作文だから多少の誇張はあったが、試験には合格した。

山村との交遊は続き、互いに結婚して子供もできた。このころ、会社の同僚、

後輩や取材先の関係で通夜、葬儀に出掛ける機会が増えていた。社会人なら誰でもが経験する交際の一環である。

四〇歳半ばのころ、編集局の社会部長をしていた私は肺ガンにかかり、手術。このころの肺ガンは余命五年、生き残るのは五％と言われたころで、「死」を覚悟したのは言うまでもない。このとき、「棺《ひつぎ》の蓋《ふた》を覆《おお》うまでの間、真摯に生きることだな」と言い聞かせ、生き方を模索した。今から考えるとこの体験は貴重だったように思う。なぜならその後、私は三十年近くも「生き延び」、あの時の自戒がこころの片隅に宿り続けたからである。「ガンを経験して良かった」

余談だが、手術を前にして会社の先輩が「今、一番の心残りは何だ」と聞いた。ガンと聞いて余命少ないことを前提にした質問である。不思議と残される家族の生活や両親の嘆きは思い浮かばなかった。代わりに生活に密着した心配があった。当時、熊本市内に住んでいた私の家は玄関横に幹回り六十セン

チ、一階の屋根瓦を超す高さのギンモクセイがあった。この木の落ち葉が雨どいに詰まり、大雨のときはあふれた雨水が軒先にバシャバシャと落ちる。だから定期的に掃除が必要だ。プロに頼むほどの仕事ではなく、大きな脚立に登って手を伸ばし取り除くのだが、これが結構面倒な手間のかかる作業である。私が亡くなったら家内がやるのに苦労するだろうな、との思いがよぎった。心残りとはこんな他愛もないことだったが、実は人はあらかじめ「予見」されると自分の死に向き合ってもジタバタすることはなく、案外と淡々としているのではないかと今でも思っている。話をもとに戻す。

五〇歳を過ぎたある時、通夜、葬儀のお経に疑問を抱いた私は山村に聞いた。「おい、南無阿弥陀仏とはいったいどんな意味があるんだ」「そうだな、お互いが七〇歳になったら教えてやるよ」と笑いながら言った。その後、山村はガンを患い、六一歳で亡くなった。お寺であった葬儀のとき、こんな弔辞を読

んだ。いま思えば全く的外れの部分があり、大勢いたお坊さんたちはあきれただろう。穴があったら入りたくなるような文脈だ。こんな弔辞である。（部分）
「仏教には少なからず興味を持っていたので七〇歳になったら君に聞きたいことがあった。それは『南無阿弥陀仏』についてである。なまかじりの知識だが、『南無阿弥陀仏』の『南無』とはおのれの一切を捨て去ることだと言う。そして自分を『無』にした上で阿弥陀仏に念仏を称えれば浄土に導かれるという。聞きたかったのは自分を無にする方法である――」
仕事を辞めて七〇歳になった時、「そういえば山村との約束があったな」とは思ったが、教えてくれる相手はいない。肺ガンの手術から三十年ほど元気に生きてきたが、平均寿命からするとあと十年、残りの人生をどう過ごすかと思案していた二〇一七年（平成二十九）六月、熊本日日新聞の広告で中央仏教学院の通信教育が生徒募集していることを知った。「ここなら『南無阿弥陀仏』

が学べるかもしれない」と応募した。偶然というか、丁度そのころ退職間近の同僚が、会社を辞めたら「歎異抄を読む会」に通うと言う。「みんな最後の時期に備えて心の修養をするんだな」と得心、それらも「宗教」に踏み込む要因の一つになった。

## 新興宗教に見た信心

二つ目は新聞記者時代の見聞に基づく。一九九〇年（平成二）春、私は当時、新聞社編集局のデスクをしていた。そのころ、熊本県・波野村（現阿蘇市）にあのオウム真理教信者の一群が進出、住民登録を巡って地元住民とトラブルが続いていた。村内の十五ヘクタール（約四万五千坪）はあろうかという広大な原野にプレハブ小屋をいくつも建て、若者たち四百五十人ほどが修行を始めた。

阿蘇の田舎で大勢の若者たちが行動する姿は異様である。彼らは飲料水確保のため、深夜、トラックにポリタンクを載せて「くまもと名水百選」の池に乗りつけ、汲み上げて運んだりしていた。しかも、最終的には信者が五千人にもなろうかという遠大な計画である。

これに対して村の人口は約二千人、有権者は千五百人。住民登録を申し出た教団に村人は驚いた。「選挙になれば村が乗っ取られる」と危機感を抱いた波野村当局は当然のごとくこれを拒否した。しかし、居住権は憲法が保障した国民の基本的人権である。法律をたてに住民登録を迫る教団側と「父祖の地・ふるさとを守れ」という住民感情を背にした両者の紛争は泥沼状態に陥っていた。

村人は信者たちの行動を監視し、出入りの車を取り巻いて「出ていけ」と抗議した。教団から子供を奪還したい保護者も駆け付けて若者を口説く。当然、このトラブルを現地支局の記者は書く。書けば教団から「一方的だ」と抗議が

来る。教団には信者・弁護士もいて手強い相手だった。まだ、凶悪事件が表面化していないころのことである。

四年間の紛争を経て教団は結局、九億二千万円の立ち退き料を得て波野村から退去するのだが、のちにこの和解金の一部が山梨県・上九一色村のサティアン建設費や東京の地下鉄で撒いた猛毒サリンの製造費になったのではないかとも言われた。波野村にとっては二重の迷惑話である。この間、一度だけ新聞社に直接抗議に来た。新聞社は読者に開かれた組織である。来るもの拒まずは本来の姿勢だ。だから私も含めて三人が応対した。

来たのは男女五人ほど。そのうちの代表は三〇歳代であろうか国立大学を出た後、名高い製鉄会社に勤めたというインテリ信者だった。緊張したのは言うまでもない。身構えた。ところが、応接室で対面した彼らを見て内心驚いた。肩肘張って、こわばった体形の意志的な眼を想像したのに、なんとも普通の青

年たちである。拍子抜けした。ジーパンにジャンパー姿、運動靴にスリッパもいた。熊本大学のキャンパスや街中を歩く青年たちとちっとも変りなかった。「カルト教団」（反社会的、狂信的集団）と言われることもあったが、実は彼らこそ教祖・麻原彰晃の教えにどっぷりと浸かっている集団だったのだ。

熊本県出身の麻原彰晃はチベット密教とヨガを混合させたような教義で解脱者を自認、空中浮遊をする超能力者とも喧伝されていた。信者は家を抜け出し、家族を捨て、しかも多くは高学歴の若者たちだという。教団を脱会させるため親の会まで作られ、世情に混乱を起こしていた。

こうした時代の抗議である。二時間足らずの話し合いは穏便に進んだが、私は「この青年たちの信じる宗教の根拠はどういうものか」と素朴な疑問を覚えた。逆に言えば新興教団として、麻原彰晃の説く教えのどこに人を惹きつける魅力があったか、興味を抱いた。「現実逃避」「自己陶酔」など宗教学者や評論

家はいろんな分析をしたが、以来、「宗教を信じる」「宗教に惹かれる」というこころの奥底の動きはずーっと気になっていた。

オウム真理教は後に私たちの想像を超えるいくつもの凶悪事件を起こし、幹部の多くは裁判での「死刑判決」で執行されるが、それでも残った一部は未だ教祖・麻原の教義を捨ててはいない。公安調査庁から危険集団と認定されながらも「信仰」を保ったままだ。

さらに、これも同じ時期の経験である。ある深夜、長年親しくしている医師から自宅に電話があった。沈痛な声である。大切に育ててきた子どもが、あろうことか新興宗教にはまって家に帰ってこないという。聞けばその教団は、当時、信者に多額の値段で「信仰対象」の物品を売りつけ、「金を返せ」とする元信者と裁判にもなるなど何かにつけて物議を醸していた。有名人が信者になり、海外で集団結婚をして話題にもなっていた。

そんな教団だったから親として不満であり、不安でたまらなかったのだろう。「子どもをなんとか取り戻したい」と教団否定のたくさんの材料をもとに何度も脱会の説得を試みたが子どもは「教祖信仰」を理由にかたくなに説得を受け入れないという。殴って改心させることも、どこかに閉じ込めることもできない。泣き出さんばかりに「なんとか足抜けさせる手はないだろうか」との訴えである。長い電話だったが、「信仰の自由」を前に結論が出せるわけではない（その後、脱会したと聞いた）。

この二つの出来事を通して私は「宗教心」の深さ、「信心」の強さはこころのどこに宿るのか今日まで気になっていた。中学時代から最も身近にあった浄土真宗に接するなかで、このあとどのような形で「信仰心」が私の心に芽生えるのか、確かめたい気持ちもあった。

## 「差別墓石」との遭遇

三つ目はこれも新聞記者時代に遭遇した「差別墓石」問題を通しての「宗教と被差別部落」の関係がもとになっている。私は新聞記者として長年、問い続けたのは「部落問題」である。日本に根強く残る被差別部落の人々への差別をいつまでも放置してはおけないと啓発のための取材を続けた。教育、行政など一般的には「同和教育」「同和行政」と言われることが多い。四十年近く部落問題を取材し、二〇一五年には「ルポ・くまもとの被差別部落」（熊本日日新聞社刊）と題するルポルタージュを出版した。

「差別墓石」のことをかいつまんで述べるとこうだ。一九八四年（昭和五十九）、熊本県南東部の町にある被差別部落の人々を多く埋葬した墓地で、大量の墓石に「異体文字」（崩し字、あるいは変形文字）が使われているとして、

「差別法名」ではないかと問題になった。崩し字ではなく、明らかに横線が抜けているのもあった。とくに一九二〇年（大正九）に亡くなった部落出身の女性の墓石に書かれた法名が注目された。法名の最後に奴隷の「奴」が使われ、被差別部落の人々は「あの世まで差別するのか」と怒った。法名を書いたお寺が問題なのか、法名を刻んだ石工が悪いのか、抗議の輪は一気に燃え上がった。

これには伏線がある。一九七九年（昭和五十四）八月、アメリカで開かれた世界宗教者平和会議で当時、全日本仏教界理事長で曹洞宗の宗務総長が「もはや日本に部落問題は存在しない」と発言し、部落解放同盟などから激しい批判を受けた。この年は国の同和対策特別措置法が「まだ部落問題は未解決である」として三度目の特別法延長を決めた時期で、解放運動や同和教育が熱気を帯びていた頃である。この発言を機に宗教界も真剣な人権問題への取り組みを求められ、門徒の出身身分が記載された「過去帳」の開示や閲覧を禁止したり、そ

れぞれ宗門の取り組みを強化していた。

そのころ、墓石の法名、戒名の差別的刻印が南九州や北陸地方で見つかり、どの宗教教団も関係する墓地を再検証する事態にまでなっていた。そんな時期に熊本でも差別墓石が見つかったのである。問題を聞きつけた私は早速現地に飛び、写真を撮り、紙面で大々的に報道した。

関係した檀那寺は浄土真宗本願寺派だったので、私は熊本市の西本願寺熊本教務所を訪ね教務所長を取材するなど問題点を深掘りした。「同朋運動」を説く教団の教義は素人には難解で、理解するのに難渋した記憶がある。それでも正義感に駆られていたのだろう「差別は放置できない」「教団に問題あり」と書いたのだから新聞記者として突っ張ったものである。

また、ある時は「この奴は〝女〟の崩し字で「め」と呼ばせる異体文字だ、差別法名ではない」と主張する民俗学に造詣の深い教団・僧侶（故人）に依頼

して反論文を掲載してもらったこともある。この反論文の掲載は一層、問題を複雑にし、一時期、熊本の西本願寺派が揺れた。後にこの僧侶は関係者に自分の否を認める文書を出していた。

「人はなぜ差別するのか」を命題にしていた私は、この取材を通して被差別部落の人々が武家社会以降、釈尊や親鸞聖人の教える「阿弥陀如来の前では万民はみな平等である」に共感して大挙、浄土真宗に入信したことを知った。全国六千部落三百万人と言われる部落の人々の八割にも達したと言うから、それほど希望の持てる有難い教えと映ったのであろう。確かに西本願寺教団は部落問題に対処して他の教団よりも先駆的に理解していたと言えよう。

そうした歴史的な背景からそれまで「本願寺教団には差別墓石はない」と自認していたのに浄土真宗系寺院での差別法名の発覚である。西本願寺派では京都の本山が急遽、調査団を熊本に派遣、現地に出向いて検討したのち「差別墓

石」と確認した。誰が書いて、誰が刻んだのか結局、不明だったので「差別法名」ではなく「差別墓石」になったと記憶している。

これによって熊本別院で学習会が開かれ、さらなる同朋運動の取り組みの強化を申し合わせた。その後、東本願寺派でも「身元調査お断り」とするステッカーをお寺の正面に張り付ける運動が始まった。一九八六年（昭和六十一）二月には熊本県内の仏教、神道、キリスト教、新宗教など宗教団体による「同和問題に取り組む熊本県宗教教団連絡会議」学会が開かれた。新聞記者として宗教界に一石を投じることができたと思ったものである。

そして、三十年後の二〇一四年（平成二十六）二月、西本願寺熊本別院で「その後の同朋運動」と「差別墓石が投げかけたもの」と題する若手僧侶を中心としたシンポジウムが開かれた。私も出席を要請された。当時の記事を読み返すなどして準備をしていたところ、当日になって生憎インフルエンザにり患、欠

席を余儀なくされた。

そのシンポジウムのあとで知ったのだが、問題になった差別墓石はその後行方が分からず、結局、教団として「反省の法要」「教訓としての法要」はできていないと言うことだった。あの墓石はどこに行ったのか。

拙著を出版した後、熊本別院の大広間で「現今の部落問題」と題して五十人ほどの若手僧侶を前に講演したこともあるが、「差別墓石」の結末は宗教的にも中途半端に見えて気になっていた。「いつかあの墓石の顛末を確認したい」との思いを抱き続けていたし、それ以上に親鸞聖人の教える「万民はみな平等である」との教義がどのようなものであるのか、それがどのように現代に受け継がれているのか確かめたいとの思いも続いていた。

以上が、通信教育を受ける主な動機になった。

# 3. 学習

## 通信教育の三年間

二〇一七年（平成二十九）の初夏、京都市の中央仏教学院から書類を取り寄せると、通信教育の歴史は古い。開講は一九七二年（昭和四十七）、既に延べ三万七千人の受講生がいるという。もちろん教義の基本は浄土真宗だ。さすがに日本有数の宗教教団だ。

学ぶのに三コースが用意されている。①**学習課程**――三年で体系的に仏教を学ぶ（入学金四万円）②**入門課程**――一年で基礎的な学習（三万二千円）③**専修課程**――浄土真宗本願寺派僧侶となるための資格取得コース。三年間（五万円）――とある。動機については既に述べたが、どのコースを選ぶか迷った。

「どうせ学ぶなら目標を持とう」と専修課程コースを選択することにした。ところが、これには条件があった。「所属寺の住職の許可が必要」とある。所属寺とは日ごろから葬式や法要でお世話になっている檀那寺のことである。な

ぜ許可がいるのか後日理解するのだが、ここでは省く。

## 面食らった「出家」

丁度そのころ、七〇歳になった私は身終《みじま》いの準備、いまで言う終活をするため、親友が住職だったあの高森・西蓮寺に新設された納骨堂の一角を買い求め門徒になったばかりだった。（実家は浄土真宗大谷派＝東本願寺）。死後の居場所（納骨堂）を決めておきたかったからである。さっそく西蓮寺に出向き、跡を継いだ子息・住職（山村章充《たかみつ》師、一九八四年生）に通信教育の内容を説明して了解の印鑑をもらうと彼が念押しのように言った。「いいですか、出家するのですよ」。これには正直面食らった。「社会保険労務士」「不動産鑑定士」などと同じように、「浄土真宗本願寺派・僧侶」と資格を得るための勉強と考えていたのが、「出家」とは公式的に言えば「家を出て仏道の道に入る事」である。

思いもしない言葉に戸惑った。「市民」から別世界の住民になるような響きだった。

そう言えば、オウム真理教に入信していた若者たちも「出家」「帰依《きえ》」という言葉を盛んに使っていた。「仏道」とはどんな世界が待っているのか、一瞬躊躇《ちゅうちょ》したが、動機の項でも述べたように興味もあったと言えば軽すぎるが、そこで覚悟を決めた。

ちなみにこの中央仏教学院には一年コースの本科があり、これは地方在住者なら京都で寮生活をし、みっちり勉強する本格派である。もちろん、通信制と同じように得度を受けなくてはならないが、生徒のほとんどはお寺関係者だ。

通信制で私はこうして専修課程コースを選択、真夏に向かう七月十三日に入学許可通知が来た。同時に名刺大で学籍番号付きの身分証明書が届いた。学校の身分証明書というのは「学割」を思い出し、若返ったようでなんとなく明る

い気分である。丁寧に財布にしまった。

入学金に読経練習用のCD代五千円をプラスして振り込み、晴れて中央仏教学院の生徒になった。教科書は六冊。主に龍谷大学の教授、OB約三十人が執筆しており、内容は基礎的なもので、中学、高校時代の社会、歴史を改めて学ぶようなものだ。これは実に有意義だった。
▽**宗教**――古代以降、人間生活になぜ宗教が起きたのか。原始仏教を手始めにキリスト教、イスラム教、仏教など世界三大宗教の成り立ちも学ぶ
▽**仏教**――釈迦がインドで起こした仏教の中心思想とアジア、中国、日本への広がりを学ぶ
▽**真宗**――親鸞聖人の教えやその経典、信心の在り方などを学ぶ
▽**寺と教団**――国家と宗教の在り方、憲法と宗教、信教の自由、宗教団体の現在などを学ぶ

▽**おつとめ**――礼拝の心得（読経、合掌、焼香）、日常の心得、法衣と打ち物（鐘）など基礎的なことを学ぶ

▽**伝道**――浄土真宗をどのようにして現代に伝えていくかを学ぶ。

この六冊はそれぞれ百ページほどで、各十章に区分され、一年間で順を追って勉強を進めていく。この間、一か月に一回、中央仏教学院本部から「学びの友」と題した三十ページ弱のお知らせが送られてくる。この学びの友に「質問」が用意され、疑問点や不明な点を問い合わせることができる。また、「添削」では自分で書いたレポートを点検してもらうシステムがある。

ＣＤには初心者用のお経が収められ、本山住職の教師役が手本を示している。繰り返し練習することを求められていた。これらは通信教育の「ホームページ」でも利用することが出来る。サポート体制は十分に整えてある。

二〇一七年（平成二十九）九月一日に京都の西本願寺で入学式があり、久し

ぶりに京都に出向いて参加した。まだ、残暑が厳しい日だった。この年の受講者は三コース合わせて四百七十六人。一六歳から七九歳までで、お寺の子弟、関係者は資格取得の名目が多いようだが、私のように教養講座的に入学した人もいるようだ。

入学式には全国から約二百人が出席、畳敷きの大広間の阿弥陀堂では参加者が正座して待っている。学生の頃、全共闘の学生たちと押しかけたあの阿弥陀堂である。懐かしかったし、内部がこんなに広いとは思いもしなかった。膝が痛いので後部側の椅子に座った。

戸惑ったのが開会冒頭の「真宗宗歌」と「勤行《ごんぎょう》」いわゆる「読経」である。いきなり始まったのに周囲の人たちは一緒になって唱和している。さすがに荘厳な雰囲気だ。多くの人は首から門徒式章《もんとしきしょう》（幅七センチ、長さ一メートル、細長い輪袈裟）を下げ、手には念珠（浄土真宗では数珠《じゅず》とは言わない）を持って

いる。慌てて隣の中年女性に「いったい何を称《とな》えているんですか」と聞いたら「讃仏偈《さんぶつげ》」と教えてくれたが、事前に買い求めた『浄土真宗聖典　勤行集』をめくって讃仏偈のページを探しているうちに読経は終わった。これまで自ら読経をすることなどはなく、初めてのことなので戸惑ってしまった。よく見回すと、私と同じようにもそもそしている人が何人もおり、全くの初心者も結構いたのであろう。

このあと、「学習の要領」のガイダンスになったが、講師が言った。「浄土真宗の知識を深めるのではない、人間性を深めて下さい」との話は印象に残った。これこそ求めているものだ。資格よりも自覚だ。そして、「お念仏（南無阿弥陀仏）が仏（阿弥陀如来）のお呼び声と気づくことを信心という」との説話には「これが浄土真宗の核心部分だな」とは思ったが、その本質は全くと言っていいほど理解できなかった。「お呼び声」とはいったいなんぞや。この疑問が、

後々まで学習の尾を引く。

学習に必要な『浄土真宗辞典』『浄土真宗本願寺派法式規範《ほっしき》』『勤式集《ごんしき》』『日常勤行聖典』などしめて一万九千円分の書籍を西本願寺境内の購買店で買い求め自宅に送ってもらったが、入学金、教科書、参考書、京都までの交通・宿泊費など学習を始めるまでに約十二万円を要した。この他、CDを聞くためのディスクなど学習環境を整えるための学用品も買い求めた。パソコンやプリンター、書棚、机、電気スタンドなどは既に書斎に備えていた。

そうこうするうちに、セミの鳴き声も終盤の九月に入って中央仏教学院通信教育部の同窓会熊本支部から「学習会に参加しませんか」との案内状が来た。月に一回、第一月曜日に熊本市の西本願寺熊本別院で入学年次のコース別に分かれて勉強するという。この学習会は同窓会の全国組織が都道府県単位で開いており、生徒たちの学習を支援し、西本願寺教団を後方からバックアップする

活動でもある。

熊本での生徒は一年から三年まで三十人ほど、新人は十人足らずで中高年が多いが、中にはこれからお寺の跡継ぎと結婚するので仏教を勉強しておきたいと言う若い女性、大学生だが卒業後に稼業を手伝うという人もいる。お寺に足を運ぶというのはこの歳になっているせいか心が清々《すがすが》しくなる。

午前中は同窓会OBが講師になり、教科書に沿って一緒に学習する。仏教言葉を解説する講師の多くは既に得度を済ませた僧侶の有資格者だ。午後は「声明《しょうみょう》(読経)」の練習である。これは熊本教務所の主催で、学年別にベテラン僧侶が丁寧に教えてくれる。

読経は学校でならった音楽とは別の独特のリズムと音階があり、初心者の習得は難しい。費用は午前、午後で計三千円。これはとても役にたった。なぜなら通信教育とはいえ、仏教に全くの初心者が一人で取り組んで理解するには難

しすぎる。長年、新聞記者をして文章の読解力には多少の自信はあったが、宗教独特の専門用語や読経の息継ぎ、イントネーションなど独学で身に着けるにはハードルが高い。

こうして学習会も始まった。よちよちながら全く未知の分野を学び始めるというのはなぜか心も弾むし、意欲も湧いてくる。学習用のテキストだけではなく、補足する書籍も読み始めた。今まで書店に行って見向きもしなかった「宗教・精神世界」のコーナーに足を止めると実に多種多様な本が並んでいる。古書籍店にも行った。

初心者として手っ取り早く理解するために『仏教早わかり百科』（ひろさちや監修、主婦と生活社）、『イラストで丸わかり親鸞と浄土真宗』（洋泉社）、『なるほど浄土真宗』（佐々木義英、本願寺出版社）を求めた。少し専門的には『梅原猛の授業　仏教』（朝日新聞社）、『親鸞』（野間宏、岩波書店）、『ブッダは、

なぜ子を捨てたか』（山折哲雄、集英社新書）を買ってきたし、『入唐求法《にっとうぐほう》巡礼行記――円仁』（平凡社・東洋文庫、全二巻）は古文書的な文体でてこずった。寝る前には布団の中で五木寛之の『親鸞』（講談社、全六巻）を楽しんだ。もちろん理解不能なページや読めない言葉も多々あるが、そこは読み飛ばすことにし、「仏教」「親鸞」をいくつもの角度から見ることに務めた。

一人で学習する時間は月曜から金曜までの五日間、それも午前中だけに決めた。あまり長時間やると飽きがくるし、頭にも入らない。もうこの歳になると忍耐力が続かない、定年退職後の勉強としてはこんなものだろう。

## 戸惑う「重層信仰」

初期の学習のなかで、どうしても現実の生活と切り離して考えられなかったものに「重層信仰」という命題がある。これはテキストの『宗教』に「現代人

と宗教」として解説されているもので、日本の宗教団体が発表している信者総数は日本の総人口を九千万人も上回っている（総務省統計局）という。なぜこんな数字になるかと言うと、例えば神社の氏子とお寺の門徒が重なり、それぞれ信者数に登録しているからだという。

そして指摘するのは日本人の宗教意識は極めて曖昧模糊《あいまいもこ》な部分が多いという。確かにそうである。正月には神社へ初詣に出掛け、お盆には家族で先祖供養をし、彼岸にはお墓参りに出掛け、七五三をする。クリスマスにはジングルベルを歌い、お父さんがサンタになる。いずれも異なる宗教行事がベースになっているのだが、それを矛盾とは思わない私たちの宗教意識がある。仏壇のすぐ近くに神棚があっても少しも不思議ではない家庭がある。

そういえば私の実家は浄土真宗大谷派・東本願寺なのに母は「おだいっさん」（弘法大師＝空海、真言宗）を熱心に信仰、毎朝、仏前で般若心経を唱えてい

たし、親戚には神道一筋派もいる。それでもご本尊を眼前にすればみんな手を合わせ、不思議な信仰心とは全く思わなかった。

こうした現象を重層信仰と呼ぶのだが、学習を続けていくうちに熊本別院での勉強会で講師の一人が「私は初詣に行かないし、孫にクリスマスプレゼントもしない」と言った時、一瞬ギョッとなった。確かに浄土真宗の教えでは「弥陀一仏」と言って「阿弥陀如来の教えを聴聞するみ教え」と説き、「他の宗教の教えに惑わされないように」と戒めている。浄土真宗を厳格に信心すればこの講師のような言動になるのである。

この教えは最初の戸惑いになった。これから浄土真宗を学び、親鸞聖人の教えを体内に入れようとしているとき、「果たして自分がどこまで弥陀一仏の心を深められるであろうか」との問いかけである。なぜなら子供の頃から母の薫陶を受けて自然に八百万《やおよろず》の神々を敬《うやま》い、神社の村祭りに参加し、巨木や大きな

岩石にご神体を意識してきた。天岩戸《あまのいわと》がある宮崎・高千穂に接し、阿蘇の山すそに育った私は神楽《かぐら》や火の神などの神話の世界は身近にあったのである。多様な宗教はあふれていた。それは春秋を彩る生活の中の楽しみでもあった。

湯浅康雄・筑波大学教授は『日本人の宗教意識』（名著刊行会）のなかで「神道がムラ、つまり地域共同体の連帯機能を果たし、仏教がイエの信仰となり、祖先の追善供養が精神的伝統を集団心理的（家族共同体）に確認する重要な役割を果たした」と述べている。まさにその通りである。重層信仰は私の生活の一部として血肉になっていたのである。浄土真宗信仰をどのように内包させていくか、悩むのに十分の命題だった。

中央仏教学院は時として学院本部主催の地方学習会を開く。福岡市であった時、私はこの命題について京都から来た学院講師に聞いてみた。「浄土真宗を信じるあまり身近な祭りや宗教行事と決別したら地域から見放され、初詣やク

リスマス行事からそっぽを向いたら家族がまとまりを欠いてしまう。こんな時、どのように対処したらいいのでしょう」。こうした質問は極端だったかもしれないが、講師もこの投げかけには困ったようで、返答は要領を得なかった。

後日、参加者の一人から「私もこのことが一番の問題なのです」と言ってきた。お寺では保育園、幼稚園を経営しているところも多い。クリスマスが近づいてクリスマスツリーを飾る園も少なくない。「子供たちのためそこは目をつむっています」というお寺関係者の話も聞いた。また、同級生たちと古希（六〇歳）の祝いをした時、やむなく、神社のお祓《はら》いを一緒に受けたという僧侶の話も聞いた。

こうした〝空気〟の中で厳格に宗教心を詰める必要はないのかもしれないと思ったこともある。得度を受けた後「坊守」になるという女性は「地域神社の秋祭りは当番制がある、それをお寺関係だからと言って拒否することはできま

せん」。同じような疑問を五木寛之も小説『親鸞』のなかで詳述、「弥陀一仏」以外の神々を否定し、誹《そし》るものではないとの趣旨を展開している。

親鸞聖人も「御消息」とする手紙のなかで「諸仏、諸菩薩、諸神を軽しめてはならない。尊重すべきものは尊重し、批判すべきものは批判し」、その上で弥陀一仏に帰依された親鸞聖人に学ぶことを求めている。柔軟に対処している人たちがいることを知って安心したりもした。要は姿勢の問題で、ここは懐深《ふところ》く行けばいいのかと納得することにしているが、こころの中では優柔不断のようでもあり、尾を引いている。

## 「正信偈」と苦闘

もう一つの戸惑いは「声明（読経）」だった。一番最初に教えられたのは「正信念仏偈《しょうしんねんぶつげ》」である。これは略して「正信偈《しょうしんげ》」と言う。「偈」とは仏教の真理

を詩の形で述べたものである。親鸞聖人が阿弥陀如来への信仰を謳《うた》いあげるのが導入部。

その後、仏教の教えに「ありがたいことだ」と讃嘆《さんたん》するのが前半、次いで後半に浄土教が日本に伝来する元となったインド、中国、日本の七人の高僧（龍《りゅう》樹《じゅ》菩薩、天親《てんじん》菩薩、曇鸞《どんらん》大師、道綽《どうしゃく》禅師、善導《ぜんどう》大師、源信和尚《げんしんかしょう》、法然《ほうねん》上人）に感謝する偈文《げもん》である。

帰命　無量　寿如来　（きみょう　むりょう　じゅにょうらい）

で始まるが、これは「日常勤行聖典」に収められ、この「帰命――」の部分を一節の句とし全体で百二十句続く讃歌である。専門的には勤行《ごんぎょう》として毎朝の「おつとめ（ご本尊前での読経）」の際に読誦《どくじゅ》するものだ。浄土真宗ではどこのお寺に行っても赤い表紙のお経本として備えてあり、門徒の人たちにはなじみ深い読経である。

読経の練習ではまず、この正信偈に取り組むことになった。音階は和式で、全ての句は漢字で書かれているが、ふりがなが振ってあるので初心者でも読める。だが、学校で習った読み方、音程とはまるで程遠い。それよりも苦になったのが意味不明である。「南無不可思議光（なも　ふかしぎ　こう）」とはなんぞや。全てこの調子である。歌謡曲ならどんなに初めて聞いても意味が分かるので、二、三回聞けばカラオケで歌える。ところが、理解できないものを百二十句も口にするのは歯がゆい。読んでいても「核心」がこころに響かないので困った。思い余ってあるとき、講師に「意味が理解できないと呪文のようだ」と問い質したら、「意味を解説したら何十時間あっても足りない、ここは馴染んでください」と言われた。「だから通夜、葬儀で聴く意味不明のお経を通して〝葬式仏教〟と言われる」と思ってみても仕方がない。ここは修行、精進だと、一日、四回も五回もＣＤを聞いて称《とな》え続けた。それでも納得がいかな

い。知的な生産性がないのだ。

そこで意味を知るため「正信偈の手引書があるはずだ」と探していたらあった。龍谷大学大学院卒業で、元京都女子大教授の霊山勝海《よしやましょうかい》氏の『正信偈を読む』（本願寺出版社）である。「最初から出直しだ」としてこの本を一回目は読み下し、二回目はメモを取り、三回目に勤行聖典にルビのようにして意味を書き合わせし、ようやくそれらしき大意をつかんだ。

「南無不可思議光」とは「阿弥陀如来の慈悲あふれる光が、煩悩に明け暮れる私たちに届く」の意である。これでは解説なしには理解できない。全てこの調子である。この学習に半年以上もかかったが、それでも意味を理解できたのはほんの少しであろう。だが、一方で正信偈を取得するという行為が続いていることには「これこそ僧侶の入り口だ」と秘かな誇りも芽生えた。その後、『やさしい正信偈講座』（藤田徹文著、本願寺出版社）を貸してくれる人が出てき

たり、『よくわかる浄土真宗』（瓜生中著、角川文庫）に正信偈の解説があるのも見つけた。お経も本当に奥が深い。

良くしたもので、半年もすると正信偈が口に馴染んできた。読経らしくなったのである。こうして一年が過ぎるのだが、正信偈を自分のものにするのにさらなる困難が待ち受けているとは知る由もなかった。

二〇一八年（平成三十）五月二十六、二十七日、佐賀県鳥栖市の九州龍谷短期大学で一年の締めくくりとなる「通信教育スクーリング」が開かれた。二年に進級するためには受講が必修だ。福岡、佐賀、長崎、熊本、大分各県から百二十人ほどが参加していた。（全国の拠点でも開かれている）。各年次別、コース別に分かれて中央仏教学院派遣の講師が講義をした。教科書の専門的な内容を分かり易《やす》く話してくれたので助かった。それにしても、九州に龍谷大学関連の宗門校があるのを初めて知ったし、キャンパスは落ち着いた雰囲気だった。

このスクーリングで、受講者を最も心配させたのが「声明試験＝読経の実演テスト」である。講師を前にして一人ひとりが出題された正信偈の一節を称《とな》える。その時間、一生懸命練習しただろうに音程が全く違う人、うわずって声が出ない人、途中で止まる人など様々である。大の大人がここまでうろたえるものか、と同情したが、それほど読経を一人でするのは難しいのであろう。幸い私は一回で通過した。初夏の二日間、スクーリングはとても有意義だった。

さて、一年の終わりである。通信教育だから一斉の期末テストの代わりとして、レポート提出が課された。一年生の専修課程に出されたのは五科目。一科目八四一字以内、五月一日から六月十五日締め切り。以下出題である。注は筆者。

▽**宗教**――一年次のテキストを学んで、「宗教」について特に深く考えるようになったことについて述べなさい。（自由に書いた）

▽**仏教**——次の問題から一題を選んで述べなさい。①「四諦《したい》」（注・仏教の根本概念を指す）の教えについて、丁寧に解説しなさい。②釈尊のご生涯について、知っていることがらをまとめなさい。

▽**真宗**——本願文《ほんがんもん》＝第十八願文（注・親鸞聖人の唱える中心的教義の核心を示す）を書き、テキストの「本願と名号（注・南無阿弥陀仏）」を中心に、本願がどのように成就され、私たちにはたらきかけているかについて述べなさい。

▽**伝道**——聞法《もんぼう》（注・法話を聞くこと）と伝道の関係を示し、私の聞法がどのように伝道につながっていくのか、具体的に述べなさい。

▽**寺と教団**——日本国憲法第二十条及び八十九条の規定による「信教の自由と政教分離の原則」について説明しなさい。

この設問で、「**真宗**」の「はたらきかけ」と「**伝道**」の「つながっていくのか」

の具体的な意味がどうしても捉《とら》えきれず、随分と頭をひねった。結局、こうした宗教的文言が浄土真宗を理解していく上で後々まで私の関門になった。

八月に入って採点結果が送られてきた。スクーリングでの声明試験を含め、全科目合格。特に課題「寺と教団」は満点だった。一年間勉強してきたのが報われ、ホッとした。日本の宗教界における浄土真宗西本願寺派の立ち位置や教義がなんとなく分かりかけてきたというのが実感だった。

二〇一八年九月から通信教育二年目に入った。学費は五万五千円。テキストは八冊、各教科の項目は同じだか、内容は一段と専門的で難しくなった。そのころ、生徒たちの間で三年間の学習後、僧侶の資格を得る「得度習礼」に関する話題が賑やかになった。春三月に得度を受けた人がその内容を話してくれた。「今から準備をしないと慌てますよ」と助言してくれたのが、あの正信偈を全文暗記する必要があるという。「そんなー」と絶句したのは言うまでもな

い。暗記することに何か積極的な意味があるのか。教本を読めば済むことではないか、と思ったもののこれも修行の一環である。

この年齢（七一歳）になって脳内の「海馬《かいば》」（記憶場所）はスカスカ同然である。昔の出来事は覚えているのに、昨日の夫婦の会話は忘れてしまう日々である。自慢ではないが、新聞記者をしていたころ取材先百（人、企業、役所）カ所ほどの電話番号を覚えていたことがあるが、いま正信偈百二十句も覚えられるはずがない。「ヤマが高すぎる」。ここで、一旦は僧侶資格を得るのをあきらめた。ところが、七五歳になる講師の一人が「諦《あきら》めることはありません。私は昨年挑戦し、なんとか得度習礼に合格しました」と言うではないか。その講師は正信偈全文をラミネート加工にし、お風呂の中にも持ち込んで覚えこんだという。すさまじい努力である。

「どうしたら暗記できるか」。苦闘が始まる。まさに信仰のための読経ではな

く、暗記のための奮闘である。こういうのを本末転倒というのであろう。作戦を練った。私は毎日夕方、一時間の散歩を日課にしていた。この時間を使うことにした。午前中の勉強の時間に四句だけ必ず暗記し、散歩のときに確認の繰り返しを行った。ところが、十句、二十句と続くうちに今度は始めの方の五、六句が出てこない。これには困った。

そこで、この対策として手のひらで掴《つか》めるほどのカンニングペーパーを作り、小さな字で正信偈を全文写した。行き詰まったら確認するのである。悔しいことだが、それでも暗記は遅々として進まない。歩きながら正信偈を唱えるとは、親鸞聖人もおかしかったろう。水前寺清子の歌ではないが「三歩進んで二歩下がる」状態である。二か月、三か月経つ内に焦りすら覚えた。「小柄なおじさんが毎日、ブツブツ言いながら歩いている」姿は変に見えただろう。「宮沢賢治でも薪《たきぎ》を背に毎日勉強したのだ」と自ら叱咤激励し、「親鸞聖人は修行

中に何万回も読経を重ねたのだ」と言い聞かせたが、爪のアカでも飲みたいほどの心境である。

「年内（平成三十年）には実現しよう」との目標を立てていたのが、初冬になって不思議なことに正信偈が繋《つな》がってきた。「阿弥陀様は気の毒に思ったのか」海馬を少し塞《ふさ》いでくれたようだ。もちろん、時々間違うが、今度は間違ったところに気づくようになった。その都度カンニングペーパーで確認しながら歩いていたが、忘れもしない十二月の二十八日夕刻、国道を渡る歩道橋の上で全句が言えたのが分かった。思わず「ばんざい」と大きな声を出し、一人ニヤニヤと笑ってしまった。師走の歩道橋で、と思い返しても笑えてくる。取り組んで五か月目のことであった。

このことは通信教育を受け続けて初めての大きな達成感となり、努力することの大事さを改めて確認することとなった。こうした調子で「領解文《りょうげもん》」（誓い

の言葉）「浄土真宗の生活信条」「僧侶の心得」も暗記した。

テキストの学習は順調に進み、二〇一九年五月のスクーリングには筆記試験も待ち構えていた。これは難題で年明け早々から準備を進めた。暗記と理解力での進級試験である。

▽**仏教**――①大乗経典は何を目的にしているか、一つの経典を選び解説しなさい。カッコ内は回答（注・主な大乗経典＝般若経、華厳経、法華経、涅槃経、大日経、無量寿経）②浄土真宗と浄土宗・鎮西派、西山派の教義の違いを説明しなさい（他力本願と自力修行）

▽**真宗史**――①宗祖（親鸞聖人）の離叡《りえい》（修行中に比叡山を下りる）の理由と（法然上人の）専修念仏への帰依（信じ、拠り所とする）について説明しなさい（略）②二問選択し、簡潔に説明せよ。A、興福寺奏状　B、稲田草庵　C、留守職《るすしき》　D、三代仏持の血脈（略）

▽**宗教**――①民族宗教や世界宗教についての設問と語句の穴埋め（略）

▽**真宗Ⅰ**――①浄土三部経の正式名称は（仏説無量寿経、仏説観無量寿経、仏説阿弥陀経） ②本願文（十八願文）を漢字で書きなさい（設我得仏《せつがとくぶつ》 十方衆生《じっぽうしゅじょう》 至心信楽《ししんしんぎょう》 欲生我国《よくしょうがこく》 乃至十念《ないしじゅうねん》 若不生者《にゃくふしょうじゃ》 不取正覚《ふしゅしょうがく》 唯除《ゆいじょ》 五逆《ごぎゃく》 誹謗正法《ひぼうしょうぼう》） ③七高僧の名前とその「発揮《はっき》（中心的教義展開）」を書き、発揮を一つ選んで説明しなさい（龍樹《りゅうじゅ》菩薩＝難易二道《なんいにどう》、天親《てんじん》菩薩＝宣布一心《せんぷいっしん》、曇鸞《どんらん》大師＝顕示《けんじ》他力、道綽《どうしゃく》禅師＝聖浄二門《しょうじょうにもん》、善導大師＝古今《ここん》楷定《かいじょう》、源信和尚《かしょう》＝報化二土《ほうけにど》、法然聖人＝選択《せんじゃく》本願）

これに、読経「頌讃《じゅさん》」（法要のとき唱和する）の実演テストがあって五時間の筆記試験を終えたが、前日のスクーリング講座でおおまかな出題範囲が説明されていたのでなんとか一夜漬け同然で乗り切った。それにしても頌讃は難しく、僧侶になるための本格的な読経で、難解な文言は入社試験以上に苦労した

テストだった。

二年生の試験結果も全て合格だった。

中央仏教学院での通信教育も二年が過ぎ、このころになると浄土真宗に関する専門用語や他宗との違いが少しずつ理解できるようになった。七月には学院三年生のための授業料五万七千円も振り込んだ。そして、三年生の学習が始まる九月までの二か月間、一、二年生の教科書を読み返す復習に務めた。

また、古里・阿蘇のお寺で構成する「阿蘇組《そ》」の催した門徒推進養成連続研修会（連研）に誘いを受けて参加、第一線のお坊さんたちから貴重な助言を受けた。この連研は各お寺の熱心な門徒を集め、浄土真宗への理解を広めようと言う勉強会である。夕方六時から三時間、みっちりの学習会である。こうして三年目が始まる。

九月、新しい教科書とCDが送られてきた。令和最初の開講式は十月七日に

熊本別院で開かれた。新入生が少なく、中央仏教学院熊本支部の関係者を嘆かせた。三年生も五人の始まりで寂しい。全国的にも減少しているという。

## 厳格な僧侶養成

最終学年の学習はますます専門的になり、五分間の法話練習も必要だ。通夜や年忌法要の最後に時としてお坊さんが話をするあれだ。読経も「法要用」「葬義用」が試され、少し専門的になった。覚えることが増えた。何より翌年五月にある最終試験は関門である。中仏熊本支部の先輩たちが残した「過去問」のコピーがどっさりある。浄土真宗を本当に理解する学習に対して、試験をクリアするための暗記勉強はどうも違和感があるが、「ここは割り切らねば」と言い聞かせて取り組んだ。

浄土真宗の歴史から専門用語まで広範囲の知識を要求され、「蠟燭《ろうそく》」や「喚《かん》

鐘《しょう》」という漢字も正確に書けるようにしなければならない。得度するのに「ここまで勉強しなければならないのか」と閉口したが、お坊さんは歴史的に地域の知識人であり、尊敬される立場に変わりはない。いまも仲間内では「先生」と呼び合う関係である。そのレベルは要求されるのだろう。

得度へ向けた具体的な心得も聞かされた。浄土真宗の僧侶養成は厳格である。教義やお経の習得は半端ではない。得度をするためには所属寺住職と所属寺のある地域で構成しているブロック寺の組《そ》長の許可印が要る。私の場合は阿蘇組《そ》である。この印鑑がもらえないで苦労することがあるので「檀那寺との関係を大事にしておきなさい」との助言も受けた。専修課程に入学するとき所属寺の同意が要ると言うのは「簡単にはお坊さんになれませんよ」と言うことであろう。

人格、識見と言う人物保証の意味合いが求められるのであろうが、こんな話

も聞いた。

門徒から新僧侶が出現すると競争相手にもなりかねない。最近、大都市では「お寺なし」の僧侶が現れてＰＲ巧みに個人で門徒宅へ法要に出掛ける例があるらしい。檀那寺では新僧侶を抱えることで本山への冥加金（上納金）も増える。寺院経営が厳しい折り、住職としては慎重にならざるを得ないのであろう。得度間際になって檀那寺の了承を得られず、隣町のお寺に頼み込んで印鑑をもらったという話も聞いた。こうして中仏学院での三年目に入った秋、卒業前だったが第一章で述べた得度へ向けた新しい展開が待っていたのである。

## スクーリングも中止

得度とは別に二〇二〇年（令和二）五月末のスクーリングへ向けて中仏学院の学習を続けたが、佐賀県鳥栖市の九州龍谷短期大学で行われる最終のスクー

リングと卒業試験もコロナ禍のため中止になった。代わりに今回もレポート提出と熊本別院での声明試験となったが、この間、試験課題になっていた声明《しょうみょう》の練習に明け暮れ、おかげで通夜、葬儀などの読経や法要の場で称《とな》える勤行をほぼマスターすることが出来た。

また、レポート論文は自宅習礼の分と合わせて四か月で十二本も書いたことになる。論文は論拠の確認、仏典の理解など全てに時間と労力を費やし、おかげで随分と勉強になった。六月に全ての課題を提出。七月、熊本別院での声明試験を受けた。あとは合格通知を待つばかりである。

五分間の課題法話では「通夜」を例にし、大意、次のように構成した。

――皆さん、今晩は。今夜は○○さんのお通夜に大勢のお越しです。○○さんの遺徳が偲ばれようというものです。通夜というのは、インドでお釈迦様が亡くなられた夜、門弟の方々が集まり、お釈迦様の教えを「ああだ、こうだ」

と一晩中語り明かしたことが始まりだと言われています。仏教は中国、朝鮮を経て日本に伝わってきますが、日本では故人が亡くなられた夜、遺族、親族、友人がその人柄を偲んで語り明かすことが、その名残だと言われています。

皆さんは今夜、私の読経に合わせて「なんまんだぶ」を何回か称《とな》えられ、手を合わせる中で「生前のご厚誼ありがとうございました」「どうぞ天国で安らかにお眠りください」などとつぶやかれただろうと思います。それはそれで、有難いことですが、浄土真宗では天国とは言わず、故人が行かれるのは浄土と言います。私たちがお寺で毎朝おつとめする「正信偈」と言うお経の中に「必《ひっ》至《し》滅《めつ》度《ど》願《がん》成《じょう》就《じゅ》」という言葉があります。これは親鸞聖人が本願を引用された言葉で「如来様があなたを必ず、浄土へ至らしめる」と言う意味です。「なんまんだぶ」の意味も、如来様が「心配しないでいいですよ、必ず浄土にて仏になるようにします」と約束してくれる意味があります。これに対して、私たちの

「なんまんだぶ」は「ありがとうございます」の報恩の念仏となります。このように私たちが口に出して「なんまんだぶ」と言うのは、阿弥陀様が私たちにはたらきかけ、そして、わたしたちはそれを慶ばせていただくという思いにならせてもらうのです。加えて、仏になった◯◯さんは再びこの世界に帰ってきて、今度は私たちを浄土に導いてくれるのです。ですから、◯◯さんは仏様《ほとけ》として私に向き合ってくださるのです。有難いことであります。そう言う気持ちを込めて、もう一度私と一緒に「なんまんだぶ」を称えましょう——

◇

八月六日、三年の成績証明書が送られてきた。全て合格。卒業式は例年なら本山で行うのだが、今年はオンラインになった。これもコロナ禍が影響している。通信教育に得度、充実した三年間だった。

# 4. 教義

## 浄土真宗の教えを学ぶ

浄土真宗を学ぶなかで、意外と知られていないこと、誤解の多いことに気づいた。私たちは日ごろ「宗教」に接するケースは多々あるが、重層信仰でも述べた通り信仰対象一つひとつを深く理解しているわけではない。いわば日常の習俗でもある。仏教を身近に感じる多くの場面は身内、親戚か職場同僚を介しての通夜か葬儀がほとんどだろう。だから〝葬式仏教〟とも揶揄《やゆ》される。

そして、その葬式でも主宰される宗教によっては読経も作法も異なる。あるときは銅鑼《どら》が鳴り、あるお坊さんは大きな声でお棺に向かって引導を渡す。出棺のとき数人がお棺を抱えたまま部屋を三回廻った儀式も経験した。もちろんその時の宗教の教義や神髄を理解することは少ない。おごそかな雰囲気だけは醸《かも》し出されるのである。そして、それら形式の違いを宗派の違いとして素直に受け入れるわたしたちがいる。

## 誰のためのお経か

先だっての（二〇一九年一月二十七日）朝日新聞では八一歳の読者がこんな投書をしていた。「義兄の一周忌にお寺に出向いた。そこで聴いた荘厳なお経は誰のためのものか、全く説明もなく何を語り、何をお願いしたのか不満が残った。お経の前にそうした説明もなく全く分からなかった。形式、格式を重んじてもその中身は空虚に感じられた。読経の前に（どんな内容のお経か）説明すべきではなかろうか。翻訳機が欲しいものである」。こうした思いは多くの人に通じるものではなかったろうか。これは、ある一面でいまもお寺に寄せられる批判の一端であろう。

この勉強を始めて初めて分かったのだが、信者七百万人を擁する浄土真宗本願寺派は「伝道教団」と言われているから、あらゆる場で法要後には法話があ

り、門信徒に向けて多彩に布教を行っている。門徒に信頼されるお寺になるため、教団挙げて「全員聞法、全員伝道」と称する実践運動を展開、「本願寺出版社」は専門書から幼児向けまで多数の書籍を出し、一か月三回発行の『本願寺新報』（定期購読料年間四千八十円、八ページ）は、全国の寺社の話題を掲載、やさしく経典を解説し、門徒医師を登場させて健康相談コーナーまで設けている。

テレビやラジオのスポンサーになって番組を提供、災害地ボランティアに出掛け、最近では高齢者福祉事業として終末医療に関係した「ビハーラ活動」（仏教者のホスピス活動）までしている。また、少しでも身近になるようにと、お寺で「バンド演奏会」や「落語会」「子供会」を開き、「電話の人生相談」、ネットのホームページで教義案内までして親しみを作ろうと懸命だ。

「畳敷きの正座」が多かった本堂での法要も、最近ではお年寄りの「ひざ痛」

に配慮してたくさんの椅子が並べられている。門信徒に寄り添う姿がいろんな場面で展開されている「やさしいお寺」なのだ。

また、アメリカ、ブラジルを中心にした海外布教、刑務所入所者への教誨《きょうかい》活動など地道な伝道も続けられている。内側をのぞいてその活動が良く分かった。

西本願寺熊本教務所でも年間を通して様々な行事が計画される。欠かさず参加することを基本にした。十一月には親鸞聖人の命日に合わせて報恩講があり、参加者が親鸞聖人の遺徳を偲び、本山派遣の講師が来て講演会がある。熊本県内の各お寺による独自の御正忌《ごしょうき》報恩講や学習会もある。

家族葬が増え、海への散骨で寺院との関係が希薄化していると言われる。そして、少子化で門徒減少が現実化している今、危機感は若い僧侶ほど強いようだ。

いずれの場合もこうした集まりは「伝道・布教」の一環を成すものだが、専門的には「聞法《もんぼう》」といい、具体的には「法話」「法座」と言う。聞く側の私たちは「お聴聞《ちょうもん》」になる。そして、登場する布教使（注1）は話が上手い。もちろん親鸞聖人の教えをベースに「生き様を通して信心を味わう」のだが、時事性、社会性を絡め時には爆笑に次ぐ爆笑の大広間になる。厳粛な仏間が和やかな雰囲気に一変し、あの漫談家・綾小路きみまろ顔負けの話で「仏教婦人会」のおばさんたちを笑いの渦に巻き込んだ僧侶もいた。落語は江戸時代初期に浄土宗の僧侶・安楽庵策伝《あんらくあんさくでん》というお坊さんが、仏教を分かり易く庶民に伝えるために面白く説教したのが始まりと言われており、まさにその通りだ。

聞けば新鮮な共感を覚えるのだが、残念なことに、このように面白くて心に響く講演会を一般の人はあまり知らない。「線香くさい」「夏暑く、冬寒い」「敷居が高い」「教義が難しい」という先入観があるからだ。

その教えはどのようになっているのだろうか。ここはせっかく入門したのだから初歩の歴史や中心的な教えを初心者なりにテキストに沿ってかみ砕いてみよう。そして、それは今の私にどのようにかぶさって来るのだろうか。まずは仏教の入り口から——。

（注1）浄土真宗では布教をする人に「師」は使わない。布教「使」である。みんなが阿弥陀如来の門弟であり、あくまでも教義を伝える「使いの立場の人」と位置付けている

## 「仏」は「ぶつ」

最初に「仏」という字であるが、浄土真宗では大方「ぶつ」と読む。「ほとけ」と呼ぶのは日本語の呼び名である。「ほとけ」と言えば「死んだ人」のように受け取られかねないが、なぜ「ぶつ」かというとインドでは仏をBUDDHA

（ブッダ）と呼び、中国に仏教が伝わった時、「仏陀」の漢字があてはめられたからである。インドでの意味は「目覚めたもの」「悟りを得たもの」、つまり、涅槃《ねはん》の境地に達した修行僧のことである。

続いて「阿弥陀如来」であるが、これもインドのサンスクリット語Amitabha（アミターバ＝無量光）、Amitayus（アミタユース＝無量寿）の「アミタ」部分に漢字をあてはめたもので、「限りない智慧と限りない命の存在、無量寿、無量光」とされている。「如来」は「仏」の意味である。

釈尊が厳しい修行をして悟りを得たのち、菩提樹の下で弟子たちに口伝で説いたのが仏教の始まりである。阿弥陀如来はその教えの中で登場する絶対仏であり、衆生を救う四十八の誓いを通して仏教が成立した。

釈尊の死後、弟子たちによってそれら口伝を文字化されたのが仏教の拠り所となる「大乗経典」である。こうして仏教は世界に広まるが、時代が下るにつ

れ大乗経典は門弟たちによって様々に解釈され、経典に沿っていくつもの仏教教団が独立、そのうちの「無量寿経」をもとに「浄土三部経（仏説無量寿経、仏説観無量寿経、仏説阿弥陀経）」が生れ、浄土真宗の根本原理となる。

千五百年前、仏教がインドから日本へ来るまでには多くの僧が伝来の役割を果たした。私たちがよく知っているのは、インドから中国に来た座禅の達磨《だるま》大師、中国の僧では西遊記の三蔵法師、日本に来た鑑真《がんじん》和尚、国内では仏教を最初に受け入れた聖徳太子、比叡山に天台宗を開祖した最澄、中国で修行した弘法大師空海が有名だ。奥州・永平寺で曹洞宗を開祖した道元、蒙古襲来と絡めて映画にもなった日蓮も含まれようか。

そういえば、私は四〇歳代の半ば頃、毎年のように中国旅行に出かけた。あのころの中国はまだ改革解放後の発展途上国だった。敦煌莫高窟では極彩色の仏絵に圧倒され、西安では三蔵法師がインドから持ち帰った経典を収めている

大雁塔にも接した。洛陽では竜門石窟を、大同では雲崗石窟を仰ぎ見た。世界最古の木造仏塔・釈迦塔には中国の歴史の奥深さを見る思いだった。これらの歴史の末端が日本に流れてきたことを当時は深く考えなかった。国内でも古都・奈良や京都を何回も散策、永平寺や高野山にも行った。すべからく物見遊山である。仏教を学んだいま行けば全く違った旅行になるだろう。

釈迦が説いた仏教が多くの教義、宗派に分かれたのは釈迦の教えが口伝であり、それを聞いた門弟たちが自分流に解釈したからである。もちろん、見解統一の話は何回も行われたが、時間と広がりには勝てず、大きくは前にも述べた般若経、法華経、華厳経、涅槃経、大日経、無量寿経などになる。いずれもこれらの大乗経典をもとにいくつもの宗派、教団が生れた。しかし、皮肉なことに仏教発祥の地・インドでは大衆から遊離、ヒンズー教に取って代わられ、消滅寸前だ。逆に大乗仏教は中国、そして日本で花開く。

その仏教が日本に渡来するに当たっては朝廷と武家の間で様々な葛藤、権力抗争が繰り広げられる。中心地は奈良、京都、鎌倉。仏教は権力維持、民衆統一に使われるのだが、ここではその歴史は省略する。日本でも仏教は教義の解釈や実践の在り方が分かれ、曹洞宗、禅宗、浄土宗などそれぞれ独自の宗派を形成する。

釈尊の教えに基づいて浄土真宗の思想を伝えてきた人たちはスクーリングテストの時にも述べたインドの龍樹《りゅうじゅ》菩薩、天親《てんじん》菩薩、中国の曇鸞《どんらん》大師、道綽《どうしゃく》禅師、善導大師、日本では源信和尚《かしょう》、源空（法然）上人の流れがあり、彼らは教団で「七高僧」として崇《あが》められている。大きなお寺に行くとご本尊・阿弥陀如来の左脇に七人の肖像画が下がっているが、あれである。

七人の思想の神髄を「教行信証《きょうぎょうしんしょう》」（正式には顕浄土真実教行証文類《けんじょうどしんじつきょうぎょうしょうもんるい》）という本願寺派の教えの集大成となる聖教《しょうぎょう》として取りまとめたのが親鸞聖人である。

だから親鸞聖人は浄土真宗の宗祖となっている。以降、本願寺教団では聖人の子孫が脈々として宗主となり、いま二十五代の専如上人が務めを果たしている。

では、親鸞聖人は何をして「教行信証」にたどりついたのか。実は、聖人も若いころ煩悩をかき消そうと、出家した京都・比叡山の常行堂《じょうぎょうどう》（修行の場）でもがき苦しんだ。しかし、二十年も修行したのにどうしても煩悩が消えない。

このころ比叡山の堂僧と武士階級との癒着が目立ち、密教的要素も濃くなって親鸞聖人の叡山宗教を見る目が険しくなっていた。二九歳を迎えても自らが悟りとは程遠いことを知り、比叡山での修行をあきらめ、下山（離叡）して法然上人に出会い、浄土への新しい道を教えられた。それが、かの有名な念仏を最優先とする「選択《せんじゃく》本願」である。法然上人も親鸞聖人よりも先に同じ道をたどり、善導大師（中国）の教えを学んで「念仏」「他力」にたどり着いた人で

ある。

それでは浄土真宗は何を言っているのか。「四諦八正道《したいはっしょうどう》」「空《くう》」「縁起《えんぎ》」など難しい教義と膨大な解釈、複雑なしきたりがあり、庶民には理解しがたいお経も多数ある。それらは専門家に任せるとして、私たちに身近なものとして三つの教えがある。「他力本願、悪人正機《しょうき》、往生浄土」である。この三点に誤解が多く、誤って使われることが少なくない。これに「平等」「南無阿弥陀仏」の真意を理解すると浄土真宗理解の手掛かりになる。

## 他力本願

まず、他力本願であるが、これこそ七高僧が伝えてきたものである。親鸞聖人がもがき苦しんで修行しても悟りを得られなかったとき、法然上人が教えたのは「阿弥陀如来の慈悲を信じれば、必ずや四十八願のはたらきで救って下さ

る」との内容であった。だから「他力」を「本願力」といい、「自分以外の力」ではなく、具体的に「阿弥陀如来が必ず私たちを見守って下さる仏の智慧と慈悲を備えた力」なのであるとする。また、無明《むみょう》の闇と言われる煩悩、苦悩を打ち破って私たちに安心を与えてくれる力を指し、「自力」での修行で仏になるものとは全く逆の立場である。ここは理解の出発点だ。

「慈悲」とは、阿弥陀如来が法蔵菩薩時代に修行していたとき、人々を救うため誓った四十八の願いに込められている。よって仏説無量寿経というが、親鸞聖人はその中の十八番目の願いに着目した。この十八願こそ、浄土真宗を学ぶ中での要《かなめ》であり、スクーリングテストにも出たあの本願文である。少し言い回しがややこしいのだが、漢文の意訳は次のとおりである。

――もし、わたし（法蔵菩薩）が仏《ぶつ》（阿弥陀如来）になるとき、あらゆる人々が至心《まごころ》から信じて我が国（浄土）に生まれんと欲し、ただ念仏してわたくしの

国に生まれることができぬようなら、わたしは決してさとりを開きません。ただし、五逆（殺父、殺母、殺阿羅漢、出仏心血、教団破壊）の罪を犯し、正法（仏法）を謗《そし》ったりすると悟りの道から除かれます――

つまり、「人々が、心から阿弥陀如来の救いを信じ、こころから念仏を称えてきたならば、必ず浄土に導くことを誓う。それが出来なければ私（法蔵菩薩）は仏にはならない」と誓っている。結果として法蔵菩薩は阿弥陀如来と言う仏になり、私たちを浄土に生まれさせる力が完成したので、念仏を称えることの願いは約束を守る指針になった。

繰り返すが「仏の救いに身を任せ、仏のお導きを信じる」。このことこそ信心の本質である。親鸞聖人が書かれた「教行信証」には「仏願の生起本末《しょうきほんまつ》を聞く」と書かれている。仏願の生起とは阿弥陀如来が本願を起こした理由、つまり自力では迷いの世界から抜け出すことの出来ない衆生を救うための誓いを言

い、本末とは、四十八の願いが成就した因果を指している。その結果、十八願にこそ他力本願の真意が込められているとされた。

このように他力本願という言葉は、れっきとした「仏教用語」なのだが、往々にして「他人まかせ」とか「人の力に頼る」例えとして使われる。全くの誤用である。「あとはもう他力本願だ」「他力本願から抜け出そう」に至っては乱用というしかない。先だってもある新聞で経済評論家のコラムに「他力本願で成長した新興国（の投資債権は）要注意」との見出しがついていた。これまでにも政治家の発言や新聞記事、スポーツ大会での激励など多くの場面で「他力本願ではダメだ。たゆまざる努力こそ栄冠への道」などと使われてきた。本願寺教団では目に余る誤用には訂正と正しい理解を申し入れてきたが、こうした事態は一向になくならない。

このように、他力本願を「阿弥陀如来の慈悲」としたが、私自身がその慈悲

をどのようにして受け止めるか、まだ先は見えていない。この付近のこころもちについては「信心」と深いかかわりがあり、このことについては次項の「信心」の項で述べたい。先を続ける。

## 悪人正機

では、他力本願を信じると、誰でも救われるのか。ここに「悪人正機」が登場してくる。この「悪人正機」は親鸞聖人の教えを弟子の唯円《ゆいえん》がまとめた「歎《たん》異抄《にしょう》」にしたためてあるもので、あまりに逆説的に書かれているようなので、これも間違って受け止められている。歎異抄は親鸞聖人の教えに世間の誤解、誤用が多いので、これを正そうと七百年も前に書かれたもので、現代でも親鸞研究の入門書として多くの読者を惹きつけ、その解釈をめぐっては何冊もの解説書が出ている。「歎異抄を読む会」も全国で開かれている。問題の「悪人正機」

は、歎異抄の第三条で、

——善人なほもって往生をとぐ。いはんや悪人をや。しかるに世のひとつねにいはく、「悪人なほ往生す。いかにいはんや善人をや」——

もちろん、この文章を読み解くことは難しい。現代風に直訳すると「善人でさえも往生できるのだから、悪人ならなおのこと往生できる」となろう。そのまま読めば、善人よりも悪人のほうが往生できると受け取られかねない。これをそのように解釈して「往生できるのなら悪事を働いても構わないではないか」としては身もふたもない。教えを正しく理解するのは難しい。

ここで、問題なのは「悪人」の本当の意味である。親鸞聖人は若いころ、法然上人の教えに従って「阿弥陀如来の念仏こそ往生の道」とする伝道を求めた。ところが、時の貴族、武士階級は彼らが信仰した天台宗よりも阿弥陀教の方が上位の宗教と喧伝していると受け止め、「天皇、鎌倉幕府の権威をないがしろ

にしている」として僧籍をはく奪。法然上人は四国へ、親鸞聖人は越後（新潟県）地方に流罪とされた。この事件は「承元《じょうげん》の法難」と言われている。「非僧非俗」になった親鸞聖人はその後、政治的弾圧に反抗する新しい名前として「愚禿鸞《ぐとくらん》」「凡夫《ぼんぶ》鸞」を標榜して伝道を続けたが、「愚禿、凡夫」はほかならぬ「煩悩に迷う私」と言いたかったのである。「悪人」の出発点はここにある。

親鸞聖人の言う「悪人」とは悪事を働く人のことではなく「煩悩にまみれ」「凡夫の自覚ある人」「愚者として生きている人」を指しており、正機とは「自らの力で迷いを離れることができない人（悪人）」としている。ここに「他力」が介在し、実に徹底した自己凝視の「悪人正機説」である。

その結果、善人は自分の努力と誇りで仏になり、往生を求めている人であるとし、だから、阿弥陀仏の救いを必要としないと言う。これに対して親鸞聖人は「煩悩まみれの悪人」「煩悩具足の凡夫」こそ阿弥陀仏の救いの目当てにな

ると言う。そして悪人（凡夫）が「南無阿弥陀仏」の念仏を称えて深く信心するとき、その悪人のまま往生できると説かれた。

これが「悪人正機」説の本意である。こういわれると理解できる。繰り返すが、煩悩を消すことはどんなに修行しても不可能である。次々に湧いてくる。多分、往生するまでついて回るだろう。この要点を理解させるために親鸞聖人は逆説的に言わなければならなかったのだろう。哲学的表現は、衆生を仏道へ誘い込む手法であったのか。阿弥陀如来の前では私もまた煩悩まみれの悪人であることを自覚しておく必要がありそうだ。

## 往生浄土

次いで、「往生浄土」である。浄土真宗の場合、結局「他力本願」も「悪人正機」の考え方も、行きつくところは私たちに「往生浄土」への道を説くこと

を本願にしているから、教義の最終的、包括的な考えを表していると言えよう。しかし、この言葉もまた誤用が多く、加えて浄土はどこにあり、どんなところだと言われてきた。まずは一つずつ紐解いてみよう。

「弁慶の立ち往生」「渋滞で立ち往生した」「雨に降られて往生した」。これらで使われる往生は「立ち止まって、にっちもさっちも行かなくなった」との意を含んでいる。私たちの生活では物事に否定的な使い方だ。一般的には臨終をもって往生するというのだが、浄土真宗の往生は、「臨終を契機に、み仏の世界（浄土）に往《い》き、仏の悟りを聞いて生まれ変わり、現世に戻って衆生を救う（回向《えこう》）」とされている。「迷い（煩悩まみれ）の世界から悟りの世界に往く」。これが「浄土に生まれて仏になる」のである。

　時代劇では、刀で切り殺した侍が相手に向かって「成仏しろ！」という場面があるが、「成仏」も本当の意味は「仏に成る」ことなのだから、これも誤用

と言える。

では、これまでに何度も出てきた浄土とはどんな所を言うのか。もちろん、具体的な地域、場所を指すものではない。あまたいる仏のなかで阿弥陀如来が開いた世界である、とされている。葬式の弔辞やお別れの会で、「どうか天国で安らかにお眠りください」と述べられることが多いが、浄土真宗では「天国」とは言わない。「浄土」である。時として「お浄土で○○さんとお会いください」「お浄土へお導き下さい」と述べる弔辞があるが、聞いていて「あぁ、この人は浄土真宗だな」と教えてくれる。死後の世界は「冥土《めいど》」「黄泉《よみ》の国」「あの世」ではなく、「浄土」である。このことについては、「学習」の項の最後で五分間の法話に同じことを盛り込んだ。

その浄土は「煩悩に淀んでいない『浄』の世界であり、悟りの世界である」とする。また、「一切の苦悩を離れた、この上もなき平安な世界」とも言う。

そして、その場所は「西方浄土」と言われるように東西南北の「西」にある。太陽が沈みゆくその場所は人間の一生に似ており、ここに阿弥陀様が「光」を与えてくれる。つまり、悟りの場で仏に成るとされる。

そして、親鸞聖人はこの考えをさらに発展させ、「臨終でもって浄土に往生することが決まるのではなく、み仏のお呼び声を受け入れた平生において浄土に往生すべきことが決定《けつじょう》した身となる」と深めた。親鸞聖人の師・法然上人は「念仏」を浄土へ赴く最優先事項としたが、聖人は歎異抄で「本願を信じ、念仏を申さば仏になる」と述べた通り、「阿弥陀仏が必ず救う」という願いを信じ、ひたすら南無阿弥陀仏と称え、その救いを絶対信じるその時、浄土へ往く道が決まると一歩進めたのである。だから、臨終の時に生まれ変わるのではなく、生きている「今」の信心をいただくことが大事であると説かれた。これを「信心正因」と呼ばれている。

往生した後に浄土へ行けることは誰でもが願うことである。今を生きるとき、必要なことは「正しい信心と正しい生き方」であると説かれると素直に受け入れられることだが、これをどのように実行するかもまた悩ましい。

## 人は皆平等

さかのぼれば、釈尊は「人はみな平等である」との信念からインドに根強く残るバラモン主義のカースト制度を厳しく否定、「階級や身分、職業、種族によって人間の価値に優劣があるなど誤りも甚だしい、法（真理）は全ての人に平等である」と主張した。そして、「生まれによって賤《いや》しい人となるのではない　生まれによってバラモン（カースト制度における最上層の人々を指す）となるのではない　行為によって賤しい人ともなり、行為によってバラモンともなる」と説いた。

この根拠になった仏説無量寿経の「第三願」で（阿弥陀仏の前身の）法蔵菩薩は言っている。「もし私が仏になったとき、浄土の住人たちをことごとく黄金色にしたい。そうでなければ、私は仏にはなりません」。「無量寿経」を解説した明治学院大名誉教授の阿満利麿氏は「黄金色は阿弥陀仏の色と言われる。浄土に生まれるものは全て阿弥陀仏と同じ色になる。つまり、一切が平等であることを保障したものだ」と言う。これは別名「悉皆《しっかい》金色の願」とも言うが、加えて「第四願」では「もし私が仏になったとき、私の浄土の住人たちの姿、形に、好いと醜いとの差別がないようにしたい。そうでなければ私は仏にはなりません」とあるのを紹介。こうした願いは差別されている人々に希望をあたえるではないかと述べている。

身分格差の激しいインドで二千五百年も前に説いたこの生き方を問う教えは、浄土真宗を貫く重要な考え方で、親鸞聖人はその信念に「阿弥陀如来の前

では誰もが同じ凡夫である」とし、一緒に歩む念仏者を「御同朋」と呼んだ。その上で先の「信心」は如来様からいただく他力回向の信心なのでそこでは誰もが平等に救済されるとした。

専門的には正定聚《しょうじょうじゅ》といい、「必ず悟りを開いて仏になることが正しく定まっているともがら」（浄土真宗辞典）としている。庶民大衆は平等で平安な世界である浄土へ往くことが「今」決まるなら、「親鸞の教えを信じよう」として、多くが入信した。先に述べた今を生きるときの信心である。

時代が下り、士農工商という身分制度が厳然としていく中で、被差別部落の人々が大挙して浄土真宗に入信したのもここにある。こうして「往生浄土」の教えは、社会の混乱が続く鎌倉時代以降、衆生に希望を与えてくれる生きる指針の宗教となった。つまりこの原点を踏まえれば、親鸞聖人の目指したものは、「亡くなった人の宗教」ではなく、「今、生きている人の拠り所」となるのであ

る。長い間、疑問の思っていた親鸞聖人の平等思想の根源はここにあった。

中央仏教学院の通信教育を学ぶ動機の項で、浄土真宗が「人間の平等」を説き、被差別部落の人びとや衆生に受け入れられた教義はどこに根源をなすのか、それは最も知りたかったことだが、ここに来てその輪郭がつかめた。難しいことを言っているのではない、至極まっとうに一人ひとりの命の大切さとその生き方を説いているのである。得心した。

## 南無阿弥陀仏

浄土真宗では歴代の僧侶たちが多くの教えや書籍を残している。もちろん、阿弥陀如来の救いを信じ、念仏を称えることを基本にしている。その念仏「南無阿弥陀仏」は、これまで述べてきた教義の出発点であるが、この意味を知る事こそ浄土真宗の神髄を理解する重要な言葉である。この本の冒頭、「動

機」の項で私の親友が亡くなる前、南無阿弥陀仏の解釈を求めたのに対して、「七〇歳になったら教えよう」と言ったが、南無阿弥陀仏は短いながらも奥深い言葉である。それを今かみしめている。

南無阿弥陀仏を浄土真宗では「名号《みょうごう》」と例え、「なも、あみだぶつ」と読む。「無」を「む」ではなく、「も」と読ませる。言葉に出すときは「なんまんだぶ」となる。私たちは通夜や葬儀の席で僧侶の読経に合わせて最初と最後に「南無阿弥陀仏」と言い、手を合わせる姿勢を取る。この際、心の中でつぶやくのは「安らかにお眠りください」「これまでの御厚誼ありがとうございました」などと故人に対するねぎらいと感謝の心が多いのではなかろうか。確かにそれも含まれた大事なつぶやきだが、浄土真宗ではまったく異なった意味を持っている。それを知って驚いた。

まず「南無」であるが、この言葉も当て字で、漢字の字づらだけなら解釈不

能である。もともとは釈尊が悟りを開いたとき、インドの言葉で「NAMAS」（ナマス）を語源とし、仏教が中国で漢訳されて日本に来る課程で「南無」なる字があてはめられた。その解釈は「帰命《きみょう》」とされ、「おおせに従う」「おおせに任せる」となる。そして阿弥陀仏と合体して南無阿弥陀仏という念仏になった。「阿弥陀様の教えにお任せする」とする姿勢は「阿弥陀様を深く信じます」ということに他ならない。何を信じるかと言うと、あの四十八願の誓いにもとづく救いである。

衆生からは深い信心を表し、阿弥陀如来側からすると、衆生を助けるため「智慧《ちえ》と慈悲を満足した我に任せよ」と双方からの信心の確認になる。これについて龍谷大学教授の村上速水氏（故人）は通信教育のテキストの中で「南無阿弥陀仏の名号は単なる仏からの呼び名ではなく、まして無意味な呪文の言葉でもない、阿弥陀仏がその功徳の全体を衆生に与えたいと願われる慈悲の心の

表現である」と解説している。「双方からの確認」と言われるこの部分が南無阿弥陀仏と称える念仏の核心である。

「『南無』と口を開くのは間違いなく私であるが、私が『南無』と口にするのは私の意識の中だけで生まれるのではなく、限りのない縁がはたらいて『南無』と口にしているのであり、そうした縁を用意してくれたのが阿弥陀仏ということになる」(阿満利麿氏)とされている。いささか分かりにくい理屈だが、これこそが「宗教」の持つ独特の論理である。非科学的と言ってもいいかもしれない。しかし、ここを受け入れなければ「信心」は定まらない。

それでは、通夜、葬式の時の「なんまんだぶ」はどんな意味になるかというと、私たちの側からは「どうか故人を浄土へお導き下さい。私たちも阿弥陀様の教えに従い、しっかりと生きて参ります」となり、阿弥陀如来側からは「心配しないでいいですよ、浄土で仏になることを約束します」となる。ここで「な

んまんだぶ」が双方の意思確認の称名となる。つまり、阿弥陀如来の「お呼び声」であり、阿弥陀如来の「はたらき」となる。このように「南無阿弥陀仏」の念仏は他力本願、悪人正機、往生浄土の意味をすべて含んだものとして存在する。

わずか六字の名号であるが、仏門に入った身としては、この念仏はゆるぎのない圧倒的な存在として迫って来る。

# 5. 信心とは

## 弥陀への至心

中央仏教学院で浄土真宗を学び始めてから、内心気になっていたのは「信心」という心の持ちようであった。宗教を信じる、阿弥陀如来の救いを信じる、親鸞聖人の教えを信じる――。浄土真宗の教義や称《とな》える声明の内容は三年間の学習で少しは理解できるようになった。スクーリングのテスト、論文作成も合格だったし、周囲の学院生と比べても宗教に関する知識は同じくらいと思っていたが、なぜか、もう一つ「のめりこむもの」が湧いてこない自分であることが続いた。

教えの中身に疑問を持つものではない。否、むしろ学べば学ぶほど浄土真宗の教えこそ生きていく上での重要な指針になりうるものだとの確信も深くなった。ただ、「信心」をどのように捉《とら》えるか課題になった。

本願寺出版社が出す『浄土真宗辞典』にはこんな記述がある。カッコ内は筆者。

**しんじん　信心**　仏の教えを信じて疑わない心。仏道の根幹をなすもので、この信をもとに成仏への道が開かれる。（途中略）浄土真宗においては阿弥陀仏の本願（四十八願中の第十八願を指す）を深く信じて疑わない心とする。（後略）

## ありがたい話

中仏学院に入学して半年ほどたったころ、熊本教務所で五十人ほどが参加する、ある研修会があった。関西方面から来た高名な宗教者が浄土真宗の教義について長時間に渡って講演してくれた。中身の濃い話だったと記憶している。ところが、講演の途中、後ろの席から中年の婦人らしい人が不規則に小声で「なんまんだぶ、なんまんだぶ」とささやく。それが何回も続く。そうなると気になってしょうがない。映画館で近くの観客がポテトチップスをボリボリと

やって耳障《みみざわ》りなあれと同じである。

休憩時間になってその婦人に思い切って聞いた。「講演中、しきりに念仏らしきものを称えておられますが、あれはどうしてですか」「すみません、気になりましたか、ありがたい話だと思うとつい出てしまうのですよ」。と、言うような問答だったが、「つい出る」とは何だろう。理解できなかった。

講演の後半になっても同じような場面が続く。こうなると研修会どころではない。半分講演に耳を傾け、半分は「なんまんだぶ」という婦人の念仏がどういう場面で出ているのか観察することになった。すると、講演の重要であろうという内容を私がメモするとき、婦人からも「なんまんだぶ」の声が出ていることが分かった。ありがたい話が心に響いているというのはこのことだったのか。

後日、声明の時間（読経の練習）になった際、現役の僧侶にこのことの話を

したら、「その婦人はきっと信心をよろこぶ人なんでしょうね」との答えである。「よろこぶ」とはなんだろう。ありがたい話に思わず「なんまんだぶ」の声が出る信心とはいったいどんな心持ちなのか、私には到底及びもつかぬ信心であることが引っかかった。

同じようなことを前にも経験していた。仏前結婚式に出席した折り、司婚者（結婚式の主宰者のような人）の熊本教務所長が短時間の法話をした。阿弥陀如来の前で契りを結ぶことを喜びとする内容だったと思うが、その時も周囲の人たちから、「なんまんだぶ、なんまんだぶ」の声が何度も聞こえた。まだ、「なんまんだぶ」の意味を全く知らない時期である。「この喜ばしい結婚式で、法要で使う場違いとも思われる『なんまんだぶ』とはなんぞや」と不審な気持ちで聴いたことを覚えている。

こんなこともある。熊本別院に通うようになって三年、大広間の正面には

阿弥陀如来の像がある。広間に入るとき、他の生徒たち（多くは中高年の男女）は頭を深々と下げる。そして、手を合わせ小声で「なんまんだぶ」と言っている。その姿がとても自然である。そうした人の後ろから続くときは「そうだ、私も」と思ってつられて頭を下げるが、一人の時は何事もなかったようにスィッと入ってしまう。中に入って中央の阿弥陀様を目にした時「あっ、そうだ」と思って小さく頭を下げる。時には学習会に必携の念珠を忘れ、困ったこともある。

注意力が散漫なのではない。信心力が弱いためではないかと思ってしまう自分に気づく。熊本別院で勉強中、講師の人に聞いたことがある。「どうしても湧き上がるような信心が持てないんですよね」。それに対しての答えは「持つか、持たないかの決断ですよ」と言われ、「うーん、決断か」とうなってしまった。

他の人が無心に「なんまんだぶ」と信心する姿を見て私が感じたことについ

て、龍谷大学名誉教授の内藤知康氏は中央仏教学院のテキスト『真宗Ⅱ』の中で「これらの人の行為は浄土真宗を布教する教化《きょうけ》（教え導く）の一部を担っている」と説く。それは、「素直に念仏をよろこんでいる姿が他人に念仏の尊さ、ありがたさを知らせ、それがそのまま念仏を勧めていることになる」と言う。「念仏をよろこんでいる姿」が「阿弥陀如来の慈悲をありがたくいただく」ことになり、それが「信心」を示すことになるというのであろうが、いずれにしても私はあの人たちから教えられていることになる。得難い目撃であり、貴重な時間だったのだ。

「信心力」を量る計量器はないだろうが、どのような心理状態になったとき「信心」というのか、また、その入り口はどこにあるのか、その手掛かりを求めている時、三冊の解説本に出合った。

明治学院大学名誉教授の阿満利麿《あまとしまろ》氏が解説した『無量寿経』『教行信証入門』

『歎異抄』（筑摩書房、ちくま学芸文庫）である。仏教や浄土真宗の解説書はたくさんあるが、この三冊はわかりやすい著書として読み返した。少し長い引用になるが、解説に従って読み進めてみる。

まず、「無量寿経」解説のなかで阿満氏は言う。

「仏教入門の第一は、教えを素直に受け入れることである」「宗教学からいえば、およそ、宗教的真理や神の意思なるものが人間世界に示されるときには、特定の人が特定の精神的境地に入って、いわば『神がかり』になって真理が述べられるのが普通である。つまり、真理なるものは、日常的思惟を超えた、非日常的な無意識の深みから発せられるのが人類史では普通なのである」

以上の部分は次の説明につながって来る。弥勒菩薩と釈尊の弟子の問答を取り上げ、「釈尊は申された。かの国（浄土）に『胎生《たいせい》』の人がいるが、汝《なんじ》はそれを見たか」の部分を解説する。「胎生」の者とは阿弥陀仏の教えを疑ったも

のが阿弥陀仏の国（浄土）に生まれる姿を言う。それは母の胎内にとどまっている胎児のように閉じ込められた状態を指す。

これに対して「阿弥陀仏の教えを信じたものを『化生《けしょう》』といい、このケースだと浄土に来るとすぐに周囲で蓮華の花が開き、阿弥陀仏を見ることが出来る」とする。つまり、阿弥陀仏の教えを信じていれば、光明《こうみょう》や智慧などの功徳がいま浄土にいる菩薩と同じように「化生」の人の周りに顕《あら》われると言うのである。

と、するならば阿弥陀仏の教えを疑っているわけではないが、「そうだ、そうだ」と心から深く信じることのできない自分、あるいは親鸞聖人の教えを中途半端で理解している私の信心力は「胎生」の人にあてはまるのであろうか。

これでは浄土に行けない、と悩ましかった。

## 「非常の言葉」

一方で阿満氏は『教行信証』解説でこうも述べている。これも先ほどの文章と連動するものだ。七高僧の一人、源信和尚の言葉を引用しながら「大切なことは、浄土仏教を学ぶ出発点においては、（現世の）常識の尺度が役に立たないことをはっきり自覚することである。信仰心は燃え立たせるのではなく、おのれの正体を自覚し『非常の言葉』に向き合うことである」と述べている。

「非常の言葉」とは、私たちが常日頃、生活の中で使う言葉とは別次元の神がかりの言葉であろうか。煩悩が尽きることのない自分の実態がはっきり分かるまでの期間は浄土へ続く道の途中であり、それが他力（弥陀の慈悲）によって実現すると自覚したとき信心が極まるというのであろうか。「他力によって浄土への道が決まるのを知る」――。「信心は私が獲得するものではない。阿

弥陀様から一方的に与えられる教えを疑いなく信心することである」と言われる。ここに信心の有り様を説くカギがあると感じた。

二〇二〇年（令和二）の一月に熊本別院であった学習会でも中央仏教学院派遣の講師・蓮池利隆氏は「仏教」の講義の中で「非常識の中に真理を求める」と言う言葉を使った。この「非常識」は私たちが日常で使う「反モラル」ではなく、普通の生活的思考を超越したものと理解した。

そういえば、この通信教育で「宗教」を学び始めたとき、古代の原始的な宗教の始まりを、自然現象など人間がどうしようもない現実に直面した時、超越的な存在としての神にすがる場面から起こったと教わった。そして、それを信じる中で深い敬意を払うようになったという。干ばつに対する雨ごい、火山爆発に対した厄除け、冷害による飢饉、映画では未開の世界を描くとき、神に捧げる人間のいけにえ、火踊りも見た。

こうした生活の危機に直面したとき祈祷師や呪術師が登場し、人々のこころを和らげ、鎮める。もちろん、現代社会から見れば非論理的なことだが、そこに民族特有の宗教的なものが芽生え、集団で信心を語る意味合いが深まると言うのだ。それは農村地帯での秋祭りを見ればよく分かる。大概は神社が中心になるが、災害から逃れ、人々の豊作に感謝するこころの持ちようは論理的には語れないものの、それでも否定されるべき習慣ではない。ここに宗教が存在する。

長い記者生活の中で、客観的に物事を見て、事実を確認するのを習い性にしてきた我が身としては、「阿弥陀如来のはたらきを知る非日常の光景」をそのままこころに収めるのは相当の後押しがいる。「如来のお呼び声」など具体的に音として聞こえるわけではない「非常の言葉」を聞くのに常識はあてはまらない。「如来のおはたらき」と言うのは何を指すのか。ここでいうのは「働き」

ではない「おはたらき」である。私に「はたらきかけてくる」如来の智慧と慈悲がどのように私の中で実を結ぶのだろう。

浄土真宗を学んでいると、この「お呼び声」「おはたらき」という言葉が重要なキーワードとして何度も出てくる。講演会でも講師の人たちが何回も使う。この部分で私の普遍的な「常識の尺度」が邪魔してこころにしっかりと突き刺さらず、信心を深く抱く壁になっていた。

流れから言うと「如来の誓願（注2）」は「非常の言葉」であり、その誓願を話に織り込み、この世に出世（出現）された釈迦は、その説法で非常の言葉を分かりやすくかみ砕いて門弟たちに示された。これ以降の僧たちの布教で日常の言葉の要素がかなり加わってきた。七高僧や親鸞聖人はそれらを総まとめにして生身の言葉で阿弥陀如来の誓願と釈迦の説法を私たちに見せてくれた。ここで「非常の言葉」がさらに「日常の言葉」になり、具体的に私たちの生活

に信心を投げかけてきているとみることが出来る。それでもまだ非常の言葉対現実の言葉の図式は残る。

（注2）阿弥陀仏になる前の修行中の時、衆生を救うため、誓いを立てられた四十八の願い。

また、阿満氏はこうも解説する。私はこれを「信心」の重要局面と読んだ。人が往生して浄土にたどりついた時、浄土真宗では「浄土に生まれて仏になる」とし、これを「往相回向《おうそうえこう》」という。そして悟りを得て仏になった後、再び「娑婆世界」に戻って人々を「仏」への道に招き入れる活動をするとし、これを「還相《げんそう》回向」と呼んでいる。これは本願寺教団が最も大事にしている「往還二回向」という考え方である。

だから、阿満氏を「阿弥陀仏の世界」に招き入れて研究させ、（南無阿弥陀仏と称える）称名をするのはどなたかの「還相」の活動が私の（阿満氏の）身の上で実を結んだためであろう、という。

であるならば、このように中央仏教学院で浄土真宗を学び、正信偈を暗記し、こうやって仏教史を紐解いているのも亡くなった親友（山村法雄師）や両親が「還相」の力でもって私に仏教入門の采配をしているためであろうか。これも「非常のはたらき」が「日常」になりつつあるのか。そんなことを考えると、すでに信心と向き合っているのだろうかとも思った。

また、こんなことも言っている。「私（阿満氏）が『南無』を口にするのは、私の意識の中で生まれるのではなく、限りのない縁がはたらいて『南無』と口にしているのであり、そうした縁を用意してくれたのが阿弥陀仏ということになろう」。

「信心に恵まれた人は、深い真実の幸福を与えられている」という。講演会などで見る門徒の方々の自然な合掌の姿と、心から称えている「なんまんだぶ」を聞くとき、そこまでの境地に達するためには何が必要なのであろうかとの自

問が続いた。

## 阿弥陀仏の功徳

行きつ戻りつの状態ではあるが、『教行信証』解説の中での阿満氏のこんな言葉には安心もする。「阿弥陀仏の名を耳に聞き、口に出して称えると、阿弥陀仏の尊い功徳が私たちのこころの奥底に届き、仏に成る種《たね》となってはたらいている」。つまり、「南無阿弥陀仏」を称えることは、菜の花の種ほどの小さな信心が心の中で積み重なり、いつかは浄土に行ける大きな信心になるというのであろう。希望の持てる言葉である。

そして、「歎異抄」（第九条）のこんな問答は興味深い。「信心」をめぐる親鸞と弟子・唯円のやりとりである。

**唯円**　私には、念仏を申しましても躍り上がるような喜びの心はなかなか生

まれませんし、また、急いであこがれの浄土へ参りたいという気持ちもないのです。いったいこれはどうしたことなのでしょうか。

**親鸞**　私も同じような疑いを抱いて今日にいたっています。あなたも同じだったのですね。この、（浄土へ行ける）喜ぶべき心を抑えているのは煩悩があるからです。だからこそ阿弥陀如来は煩悩一杯の私たちを見守ってくれているのです。（有難いことではありませんか）。

煩悩まみれの私たちに注がれる阿弥陀仏の智慧と慈悲とに感謝の思いを致すことが「信心」への道になることを親鸞聖人は言いたいのであろう。七〇歳を過ぎても「煩悩」に厚くくるまれている私の心情がここに描かれているようでドキリとする。この唯円と親鸞の問答は、歎異抄を解説するいろんな書籍で中心的に取り上げている。「信心」とは何かを理解させる手掛かりになっているようだ。

ところで、浄土真宗には「方便」という言葉がある。私たちの生活の中では「嘘も方便」と目的を無理やりに達成するために使う例を思い浮かべるが、宗教的には「真実の法に導くため、仮の手立てとしての教えや巧みな方法を使って衆生を導いていく」（浄土真宗辞典）と少し異なった意味を持っている。真理に近づくための方便は重要な手段でもあるのだ。

このことから連想するのは、私の信心は「非常の言葉」を導入口にして、真実の教えに導かれていくその途中にあるのではないかと思うことである。それならばまだ大丈夫、もうひと踏ん張りだと言い聞かせたりもした。

そして、間違ってはならないと言われるのが、前にも触れた「信心」を表す念仏が直接、阿弥陀仏から与えられたものである、と言うことだ。あくまでも弥陀一仏と私との直接関係による信心を指す。つまり、「他力のはたらきによる信心」を説く。一人の師匠の影響力を受けて念仏するのではなく、ましてや

高潔な人に従って念仏をするのでもない、ということを示す。

阿弥陀如来の「無量光寿」（限りない慈悲の光と命）を脇に置き、弥陀に成り代わったような言動をする一人の教祖の指導を信じて行き着いた先が、カリスマ崇拝に繋がり、特別に霊力のあるという教祖が誕生することになってしまう。このことは今日になっても社会的に問題になった新興宗教、カルト教団がその問題点を教えてくれる。オウム真理教の教団医師だった林郁夫受刑者の著書『オウムと私』（文藝春秋）では、仏教に興味を持っていた若者が次第に教祖・麻原彰晃に感化されて熱心な信者になり、サリン事件にまで突き進む経緯が明らかにされている。

繰り返すが、「信心」に関しては弥陀と私との間に介在するものは何もない、ということであり、ここが浄土真宗の肝要とするところである。

このことを端的に著わす史実が残されている。親鸞聖人が比叡山での修行を

断念した後、下山して法然上人に学ぶ中で、同門の弟子たちが法然上人と親鸞の信心の深さ比べをする問答があるが、この場面では「阿弥陀仏の前での信心力は私も親鸞も同じである」とする法然上人の見解が出て後に浄土真宗の基本的姿勢になるものが示される。いまも称えられる「御同朋御同行」である。もう少し信心論を続けよう。

『歎異抄』には「念仏申さんと思い立つ心の起こるとき」という文脈がある。阿満氏は「思い立つ心の起こるとき」を捉えて「信心は、その本人の『決断』があって初めて成立するのであり、なんとなくいつの間にか信じている、というものではない。どこまでも、阿弥陀仏の誓願を信じようとする『決断』があってこそ信心がその人の生きる上での力になる」と述べている。また一方で、「信心」は私が得るものではなく、さきほどに述べたように、あくまでも阿弥陀如来のはたらきによるものだと言われる。「信心」をめぐるわたしの思いは定ま

らない。

二〇一九年（令和元）の秋、阿蘇組《そ》であった「連研」の話し合いで「老いと死」をテーマにした班別討論会があった。その中で「死後の世界」に浄土があるのかどうかが俎上《そじょう》に上った。門徒の人たちの様々な意見が出る中で、九三歳のメンバーが「浄土はあると信じれば死はちっとも怖くない。信じるかどうかは本人の信心次第ですよ」と柔らかに淡々と話した。これを聞いて感嘆した。

熊本別院で得度講習会を受けた二日後の未明、布団の中で講習会での講義を思い出し、「法衣を着たことで、自分の信心に何か深まりが起きただろうか」と自問している時、「信心」と言う文字にそれまでかかっていた「カスミのようなもの」「ぼんやりとしたもの」が、「ザーッ」と流れ落ちて、すっきりした文字になり、くっきりと立ち上がっているように見えた。ほんの一瞬だったが、これも心境の変化の兆しなのであったろうか。このような気持ちを抱いて

二〇二〇年の七月に本山で行われた得度式に臨んだ。

## 薫習の人

得度式の内容については冒頭に述べたが、私は得度を受けることによって私の信心にどのような変化があるのか、自問しながら京都に向かった。

そして、その機会は突然訪れた。本山での得度式のガイダンスの中で、僧侶養成部の波佐谷真悟部長が「僧侶になるあなたへ」と語った中の言葉が強烈に刺さった。それは「薫習《くんじゅう》」である。浄土真宗辞典には薫習を「お釈迦様の心や行為が自然に身に着くまで修行して、その心が周りの人に伝わって行くことを薫習といってとても大切にしている」とある。波佐谷部長は薫習をこう例えた。

「お寺に育った子供は自然と両親のお経を耳にし、線香の香りを身に着ける。そして勝手に『なんまんだぶ』が口について出るようになる」とし、そのよう

な習慣が、いつとはなしに僧侶としての自覚を促し、大人になった時、その人格が周りの人に伝わることで立派な僧侶になる、と言うような主旨の話しだった。

そう、熊本別院での講習会で中年の婦人が、不規則につぶやいていた「なんまんだぶ」は、「つい出る」と言っていたが、それは勝手に出る念仏者としての「薫習の人」だったのだ。つまり、波佐谷部長は今回の得度を契機にして「薫習の人」になって欲しいと言われたのだと受け取った。得度直前に聞いた極めて平易な言葉が天啓のような響きとなって私のこころを突き抜けた。

これまで、縷々《るる》述べたように私は信心というこころの持ちように対して難しく考え過ぎていたのかもしれないと気付かされた。深い信心、浅い信心と信心を無理やり測ろうとしてきた。仏道に対して身構えてきた気負いがあったのかもしれない。

だが、仏教を学び出してまだ三年である。お寺に育った子供よりも念仏は耳に届いていないし、お線香の香りも手先にも匂わない。知識はあっても日々の自覚は薄い。得度は仏道を歩むものとしてあくまでもスタートに過ぎないのだ。この日を足掛かりにして「薫習の人」になれるような自然な生き方こそが今後の人生に必要なことであろうと教えられた。

その時、同時に阿弥陀如来の慈悲に「摂取不捨《せっしゅふしゃ》」という姿勢があるのを思い出した。「私を信じて念仏を申すならば、どんなことがあっても決して見捨てはしない」と言う。どんな時でも私を見ていてくれる存在として阿弥陀様がいる、というのを心の中で自然に育てることが出来れば、いつのまにか「薫習の人」に近づくことが出来る。ただ、それだけだ。

信心とは「するかしないか」「決断次第」と過敏に煩悶《はんもん》しながら思い描いてきたが、信心を獲得《ぎゃくとく》するための機会が今から始まるのだ、と思うことにすれば、

難しいことではない。このとき「あー、そうだったのか」と肩の荷がいっぺんに軽くなったのが分かった。薄暗い御影堂で得度式を受けながら、このことを反芻《はんすう》し、京都に来て良かったと噛みしめた。

# 6. 少し長いあとがき

京都での得度から帰熊した三日後、私は熊本県南東部の知人と連絡を取り、あの「差別墓石」の遺族に面会を求める依頼をした。差別墓石とのかかわりについては、第二章の「動機」の項でその経過を書いているのでここでは省略するが、三十六年前に新聞記者として「事件」を取材し、その墓石が事件後行方不明になっていることはずーっと気がかりだった。宗教的にも供養が果たせていないことは心残りになっていた。浄土真宗の一門に立つ身として今なら再会が可能かもしれないと改めて真意を伝えてもらった。

## 今も不明の差別墓石

八月のお盆前、遺族からの返事があった。「どうぞ、お参りください」という。私は法衣、輪袈裟、念珠、聖典（教本）を風呂敷に包んで現地に向かった。訪問の意向は既に伝えてあったので遺族は快く迎えてくれた。仏壇前で一通りの

読経を済ませ、「これで阿弥陀様もお浄土で故人をしっかりと見守ってくださいますよ」と述べると、安心されたようだった。そして、あの「差別墓石」の行方を問いただすと、遺族は「実は、今もって分からない」と言う。あの時、本願寺からは本願寺の責任で正しい法名の墓石を作り直し、供養の法要も執り行うとの意向が来ていた。確かにその後、墓石は新しくなったが、「人目にさらしてはいけない」と厳重に管理されていたはずの「差別墓石」は突然、行方不明になった。それがために日程、場所も決まっていた追悼法要は取りやめになり、今日に至っているそうだ。

不明になったいきさつを遺族は知らなかったが、あの大きさ（高さ約八十センチ）、重さ（約四十キロ）の墓石が消えるはずがなく、「どこかにあるでしょう」と今後も気にかけていくと言う。そして、あの墓石の当事者が亡くなって今年でちょうど百年目。「節目の年のお盆前にお参りいただき、ありがとうご

ざいました」と御礼を言われたとき、長年の胸のつかえが降りた気分だった。差別墓石との再会はかなわなかったが、法名が正しくされていたのには安堵した。遺族も故人の法要については気になっておられたのだろう、一緒におつとめできたことは僧侶として責任の一端を果たした思いだった。

「人の世に熱あれ、人間に光あれ」と謳《うた》った一九二二年（大正十一）の水平社宣言の起草者は被差別部落に生まれた浄土真宗本願寺派の僧侶・西光万吉（奈良・西光寺）である。日本で最初の人権宣言と言われるこの水平社宣言が生れる背景として、西光万吉は物心ついた時から苛烈な差別を経験、成長期には激しい部落解放闘争を繰り広げた。「平等な社会の実現」を説く当時の社会運動家たちの影響を強く受けたが、私はこの水平社宣言の下敷きにはきっと「人の平等」を説く親鸞聖人の精神もあったと思う。

その根拠として、水平社宣言に付随して三件の大会決議案が採択されたが、

そのうちの一つは東西本願寺に向けられたもので、こうした大会で特定の団体が名指しされるのは異例である。それは、(原文はカタカナ使用、カッコ内は筆者)

一、部落民の絶対多数を門信徒とする東西両本願寺が、この際我々の運動に対して包蔵《ほうぞう》(内に持っていること)する赤裸々なる意見を聴取し、その回答により機宜《きぎ》(時宜を得た措置)の行動をとる事。

と、なっている。これは前にも述べたが、被差別部落の人々は親鸞聖人の説く「平等精神」を信じて多数入信したことが背景にある。それなのに両本願寺はその役割を果たしていない、との思いが強くあったのであろう。

水平社大会の翌日には西光万吉ら大会の幹部たちが両本願寺に出向き、問いただした。「もし、本願寺が親鸞の心を持って差別撤廃に尽くして居るならば、かかる必要(抗議)はないのである。部落の若い者は本願寺の為すなき心を恨

んでいる」（『至高の人、西古万吉』宮橋國臣著、中外日報から引用、人文書院）と激しい口調で迫ったという。これに対して西本願寺は「教務方針に間違っていて恥ずかしく申し訳がありません。まことに祖師親鸞を辱めるものに違いありません。今後は水平社主義に共鳴し、出来る限りにおいて後援する」（前同）と返している。加えて、西古万吉らは「この行動は苦しい生活の中でも我々は本願寺に献金してきたのであるから、この際、意識改革を求める」として両本願寺に対して「募財拒否」運動を展開した。このような経過から西本願寺の部落問題への本格的な取り組みが始まったが、その契機は水平社大会だったのである。

西本願寺派では戦後の一九五〇年（昭和二十五）に同朋会が設立され、その後、これを「基幹運動」「実践運動」の一環として「同朋運動」を展開、「同和問題」への解決を呼び掛けている。運動はハンセン病や障がい者問題へと幅を

広げ、人権意識への高揚を訴える場になっている。本山での得度習礼に代わる自宅習礼でも「僧侶がなぜ人権問題を学ばなければならないのか」と題してレポート提出を求められたのはその一環だ。人権問題に対して教団の役割はこれからも続くし、私自身のもう一つのテーマとしても掲げていかねばならない。

## 親鸞聖人の魅力

それにしても、浄土真宗の宗祖とされる親鸞聖人の教えはどうしてかくも後世の人々に魅力を与え、かくも多くの研究対象と成り得たのであろうか。筑波大学教授の湯浅泰雄氏は著書『日本人の宗教意識』（名著刊行会）の中で「（親鸞聖人の著わした）教行信証は日本で最初の思想史研究という性格を持っている」と称《たた》え、作家の野間宏氏は著書『親鸞』（岩波新書評伝選）で「教行信証を仕上げることは親鸞の激しい思想のたたかいであり、そして同時に政治的、

社会的な巨大なたたかいだったのである」と思想面を分析、東京工業大学教授の中島岳志氏は『親鸞と日本主義』（新潮選書）で、親鸞聖人の教えが右翼や国粋主義者に強い影響を与えたことを倉田百三や亀井勝一郎、吉川英治などを通して興味深く描いている。

このほか親鸞聖人を巡っては劇作家の倉田百三（明治二十四～昭和十八）が二五歳の時に書いた『出家とその弟子』（旺文社文庫、昭和四十四年、重版）のなかで、親鸞聖人の弟子、唯円にこんなことを言わせ、興味深い。

「お師匠様（親鸞）がおっしゃっていました。宗教というのは、人間の、人間として起こしてもいい願いを墓場に行くまで、いかなる現実の障碍《しょうがい》にあってもあきらめずに持ち続ける、そしてその願いを墓場の向こうの国（極楽浄土）で完成させようとするこころを言うのだと」

深い信心、持続する宗教心の重要さを訴えたかったのであろう。最初に出版

した岩波の単行本は十五万部も売れるベストセラーになったと言うから驚きだ。ここに宗教が果たす社会的役割の一端が見られる。

これだけではない、この他にも親鸞聖人に対して多彩な評論、分析が残るのも、やはり八〇〇年という歴史に耐える宗教者であったからだろう。浄土真宗本願寺派はその教えを脈々と受け継いできた。

日本には様々な仏教教団があり、それぞれが独自のシステムで僧侶養成を行っている。西本願寺派の場合は知識もさることながら、求めているのは「宗門」の一員になるための自覚であろう。「仏恩報謝《ぶっとんほうしゃ》（阿弥陀如来の慈悲に感謝）の生活を送り、心豊かな社会の実現に貢献すること」を「僧侶の心得」として刻み込まれる。「出家」したことで日々の生活もおのずと「仏恩」を意識することになろう。

## 「善知識」に遇おう

七三歳で宗門の門前に立つことが出来たことは感慨無量である。さらなる勉学、布教がその使命であることは言うまでもない。「信心」と言う点では、「沸き立つ敬意」や「こころ深くに納める」阿弥陀如来のお呼び声を受け止めきれない私のありようではあるが、この際、阿満利麿氏が『歎異抄』に書いている言葉を励みにしたい。それは「阿弥陀仏の本願は常識を超越した教えであり、その理解は常識では難しく、指南を必要とするからだ。疑いの連鎖を断ち切るためには徹底して先輩と質疑をし、話を聞け」と述べている。自分一人の勉強には限りがある。遅滞なく「薫習の人」に近づくためには今後も多くの善知識《ぜんぢしき》（仏道に励む人）と遇うことを心掛けたい。

出版に至るまでの間、西本願寺熊本教務所や中央仏教学院熊本支部の方々、

また檀那寺の高森・西蓮寺の山村章充住職、阿蘇組《そ》の僧侶の皆さんにはたくさんの助言を受けた。専門用語の正しい使い方を指摘して頂いた方もいる。快く出版を引き受けて頂いた探究社の西村裕樹氏にはお礼を申し上げたい。たどたどしい体験談になったが、ここまで導いてくれたであろう亡き親友・山村法雄師の尊前にこの本を奉げる。

著者・撮影
2020.7.16

# 主要参考文献、資料、引用


阿満利麿『無量寿経』ちくま学芸文庫　二〇一六年
阿満利麿『教行信証入門』筑摩書房　二〇一九年
阿満利麿『歎異抄』筑摩書房　二〇一六年
湯浅康雄『日本人の宗教意識』名著刊行会　昭和五十六年
野間宏『親鸞』岩波新書評伝選　一九九四年
梅原猛『梅原猛の授業　仏教』朝日新聞社　二〇〇二年
山折哲雄『ブッダはなぜ子を捨てたか』集英社新書　二〇〇六年
中島岳志『親鸞と日本主義』新潮選書　二〇一七年
倉田百三『出家とその弟子』旺文社文庫　昭和四十四年
円仁・塩入良道補注『入唐求法巡礼行記』（東洋文庫）平凡社　一九七九年
林郁夫『オウムと私』文藝春秋　一九九八年
宮橋國臣『至高の人　西光万吉』人文書院　二〇〇〇年

ＮＣＣキリスト教アジア資料センター編
『アジアの宗教と差別』日本基督教団出版局　一九八四年
曹洞宗宗務庁『差別語を考えるガイドブック』解放出版社　一九九九年
霊山勝海『正信偈を読む』本願寺出版社　二〇一六年
藤田徹文『やさしい正信偈講座』本願寺出版社　二〇一二年
緒方正倫『歎異抄を読む』本願寺出版社　二〇〇八年
ひろさちや『仏教早わかり百科』主婦と生活者　一九九四年
川添泰信『イラストで知る浄土真宗』洋泉社　二〇一七年
瓜生中『よくわかる浄土真宗』角川ソフィア文庫　平成二十九年
佐々木義英『なるほど浄土真宗』本願寺出版社　二〇一六年
大法輪閣編集部『阿弥陀・薬師・観音・不動』大法輪閣　二〇一九年
五木寛之・梅原猛『仏の発見』（対談）平凡社　二〇一一年
五木寛之『蓮如』岩波新書　一九九四年
五木寛之『親鸞』（六巻）講談社　二〇一〇～二〇一四年

73歳、お坊さんになる
令和二年十一月二十日　第一刷印刷
令和二年十一月三十日　第一刷発行
著　者・荒牧邦三
発行者・西村裕樹
発行所・株式会社　探究社
〒五二〇−〇〇二七　大津市錦織二丁目九—三〇—一〇一
電話・〇七七・五九九・四二〇一
印刷・株式会社大気堂
製本・西村製本紙工所
乱丁・落丁の場合はお取り替え致します。

JN109021